Les cactus aussi ont besoin d'eau

Catalogage avant publication de Bibliothèque et
Archives nationales du Québec et Bibliothèque et
Archives Canada

Gosselin, Raymonde

    Les cactus aussi ont besoin d'eau

    (Collection Psychologie)

    ISBN 978-2-7640-1414-1

    1. Plaisir. 2. Gestion du stress. I. Titre. II. Collection:
Collection Psychologie (Éditions Quebecor).

BF515.G67 2009   152.4'2   C2008-942140-X

© 2009, Les Éditions Quebecor
Une compagnie de Quebecor Media
7, chemin Bates
Montréal (Québec) Canada
H2V 4V7

Dépôt légal: 2009
Bibliothèque et Archives nationales du Québec

Pour en savoir davantage sur nos publications,
visitez notre site: www.quebecoreditions.com

Éditeur: Jacques Simard
Conception de la couverture: Bernard Langlois
Illustration de la couverture: Istock
Conception graphique: Sandra Laforest
Infographie: Claude Bergeron

Imprimé au Canada

DISTRIBUTEURS EXCLUSIFS:

• Pour le Canada et les États-Unis:
MESSAGERIES ADP*
2315, rue de la Province
Longueuil, Québec J4G 1G4
Tél.: (450) 640-1237
Télécopieur: (450) 674-6237
* une division du Groupe Sogides inc.,
filiale du Groupe Livre Quebecor Média inc.

• Pour la France et les autres pays:
INTERFORUM editis
Immeuble Paryseine, 3, Allée de la Seine
94854 Ivry CEDEX
Tél.: 33 (0) 4 49 59 11 56/91
Télécopieur: 33 (0) 1 49 59 11 33

**Service commande France
Métropolitaine**
Tél.: 33 (0) 2 38 32 71 00
Télécopieur: 33 (0) 2 38 32 71 28
Internet: www.interforum.fr

**Service commandes Export –
DOM-TOM**
Télécopieur: 33 (0) 2 38 32 78 86
Internet: www.interforum.fr
Courriel: cdes-export@interforum.fr

• Pour la Suisse:
INTERFORUM editis SUISSE
Case postale 69 – CH 1701 Fribourg –
Suisse
Tél.: 41 (0) 26 460 80 60
Télécopieur: 41 (0) 26 460 80 68
Internet: www.interforumsuisse.ch
Courriel: office@interforumsuisse.ch

Distributeur: OLF S.A.
ZI. 3, Corminboeuf
Case postale 1061 – CH 1701 Fribourg –
Suisse

Commandes: Tél.: 41 (0) 26 467 53 33
Télécopieur: 41 (0) 26 467 54 66
Internet: www.olf.ch
Courriel: information@olf.ch

• Pour la Belgique et le Luxembourg:
INTERFORUM editis BENELUX S.A.
Boulevard de l'Europe 117,
B-1301 Wavre – Belgique
Tél.: 32 (0) 10 42 03 20
Télécopieur: 32 (0) 10 41 20 24
Internet: www.interforum.be
Courriel: info@interforum.be

Gouvernement du Québec – Programme de crédit d'impôt pour l'édition
de livres – Gestion SODEC.

L'Éditeur bénéficie du soutien de la Société de développement des entre-
prises culturelles du Québec pour son programme d'édition.

Nous reconnaissons l'aide financière du gouvernement du Canada par
l'entremise du Programme d'aide au développement de l'industrie de
l'édition (PADIÉ) pour nos activités d'édition.

Raymonde Gosselin

Les cactus aussi ont besoin d'eau

Le plaisir, le plus efficace
des antidotes au stress

LES ÉDITIONS
Quebecor

Une compagnie de Quebecor Media

Remerciements

Sans le soutien et l'amitié de toutes les personnes suivantes, avec qui travailler relève du pur plaisir, ce livre n'aurait tout simplement jamais vu le jour.

Je remercie d'abord ma fidèle collaboratrice, Marie-Josée Désilets, qui a participé étroitement à la rédaction de mon manuscrit et veillé sur chacune des étapes de sa réalisation. Sa ténacité à toute épreuve, sa perspicacité minutieuse, sa très grande générosité et, surtout, ses avis judicieux m'ont permis d'améliorer considérablement la présentation de mes textes.

Merci à ma famille. Mon conjoint, Georges, pour son écoute et son indéfectible disponibilité. Ma fille Mylène, mon infatigable lectrice et ma plus précieuse critique. Mon fils Gabriel, pour sa présence et le précieux recul qu'il m'a permis de prendre en étant simplement ce qu'il est.

Je désire également faire un clin d'œil à Constance Lamarche, Danielle Ricard et Francine Paré, pour leur créativité foisonnante lors de petites séances de tempête d'idées improvisées.

Je tiens également à saluer de façon particulière la détermination de tous les hommes et de toutes les femmes que j'ai le plaisir de croiser lors de mes conférences ou de mes séminaires, qui arrivent à gérer leur stress en introduisant peu à peu du plaisir dans leur vie. Je les admire et ils sont la principale source d'inspiration de cet ouvrage consacré à l'art du mieux-vivre.

Introduction

Les cactus aussi ont besoin d'eau, sinon ils se dessèchent et finissent par mourir. La «sagesse» du cactus lui permet de s'étirer pour aller capter le peu d'eau dont il a besoin. Il en va de même pour nous. Un quotidien sans plaisir est terne, laissant une large place au stress et à ses effets nocifs. Et c'est ainsi que notre vie peut en arriver à se transformer en un désert.

Pourquoi alors néglige-t-on systématiquement de s'occuper de soi? Que nous soyons hommes ou femmes, jeunes ou âgés, employés ou patrons, nous avons tous d'excellentes raisons de renvoyer aux calendes grecques, c'est-à-dire à un lendemain incertain, le moment de nous faire plaisir. En obéissant à ces raisons – car il y en a rarement une seule –, nous remettons notre bonheur, ou du moins notre bien-être, à une date ultérieure. «On va profiter de la vie plus tard!»; «Aujourd'hui le travail, demain les loisirs!»; ou encore «Cultivons maintenant si nous voulons récolter dans l'avenir». Comme si notre vie pouvait être mise indéfiniment entre parenthèses!

Afin de démêler l'écheveau de nos objections à nous accorder sans délai du temps et du plaisir, nous scruterons à la loupe les 20 raisons les plus souvent invoquées pour refuser le plaisir. On pourrait y débusquer des attitudes, voire des croyances, à revoir et à corriger, évidemment sans culpabilité! Nous comprendrons alors mieux ce qui nous ralentit ou nous paralyse, en nous amenant trop souvent à nous oublier et, par conséquent, à nous priver de plaisir.

Autour de petites histoires inspirées de faits vécus recueillis lors d'ateliers, de conférences ou de *counselling* individuel, nous aborderons, sans jugement, des thèmes comme le manque de temps, d'argent ou d'énergie en proposant des pistes de solution et des moyens réalistes afin de renouer peu à peu avec le plaisir.

Avec de la confiance, de l'estime de soi et, au besoin, du soutien, il nous suffit maintenant de laisser entrer le plaisir dans notre vie. Pour que le cactus en nous s'épanouisse et fleurisse.

PREMIÈRE PARTIE

Je n'ai pas le temps

« Je vis seule avec mes deux enfants. Mon conjoint est décédé subitement, il y a maintenant deux ans. Mon bébé n'avait alors que treize mois. C'est évident que la première année a été particulièrement difficile. Ma famille et ma belle-famille m'ont donné un solide coup de main, une aide inestimable. Je ne pense pas que j'aurais pu m'en sortir sans leur précieux soutien. Là, je suis retombée sur mes pieds : j'ai un travail, mon plus vieux va à l'école, l'autre est à la garderie. Mais je n'arrête jamais. Le matin, c'est la course folle et le soir, c'est encore pire. En fait, je manque de temps. J'aurais besoin de journées de 36 heures quand tout va bien, alors imaginez quand un des enfants est malade, ou bien les deux ! Ça devient carrément impossible à la moindre petite tempête qui bouleverse la routine. Dans ma situation, je n'y arrive tout simplement pas, et je n'ose plus demander de l'aide. Prendre du temps pour moi ? Impossible à envisager avant des années ! »

Corinne n'est pas la seule mère de famille monoparentale à se sentir extrêmement coincée dans son agenda. C'est d'ailleurs probablement la raison la plus souvent invoquée pour ne pas prendre le temps de s'occuper de soi. Entre les exigences du travail, l'éducation des enfants, l'entretien de la maison et les soins aux parents vieillissants, il reste bien peu de temps pour nous. Et si nous attendons que les besoins de tout le monde soient parfaitement comblés et que toutes les tâches soient terminées, c'est tout à fait vrai que nous n'aurons jamais une seule minute de liberté.

Être l'unique parent entraîne énormément d'obligations, c'est certain. L'emploi du temps de Corinne est en réalité très chargé. Et comme elle est une personne très responsable, jamais elle ne penserait à annuler une rencontre de parents à l'école, un rendez-vous chez le pédiatre, ou encore la vente de débarras de la garderie. Cela fait partie de ses obligations, et elle les respecte à la lettre. Mais qu'en est-il de ses activités personnelles? Leur accorde-t-elle un minimum d'attention ou, au contraire, les ignore-t-elle complètement?

La vérité, c'est que personne ne lui offrira, en fin de journée, cette petite heure de liberté tant souhaitée. Ou alors, elle sera trop fatiguée pour en profiter le moment venu, car elle tombera de sommeil. Par contre, elle pourrait essayer d'incorporer à son horaire une multitude de petits plaisirs qui lui donneraient de la joie et de l'énergie tout au long de la journée. Pas une seule fois par jour, quand tout le reste est terminé, pas une fois durant le week-end, pas une fois par année lors des vacances annuelles, mais bien tous les jours, et plusieurs fois par jour! À peine quelques minutes suffisent pour modifier significativement notre chimie corporelle et ainsi diminuer notre niveau d'adrénaline en augmentant celui des endorphines, cette hormone du plaisir. Nous devons nous rappeler que notre temps est précieux et que si nous avons besoin d'une petite récompense, nous la trouverons sûrement en nous occupant de nous, ne serait-ce que quelques minutes. Les journées n'ont que 24 heures, même si nous en aurions plutôt besoin de 36. Il faut donc nous assurer que les choses importantes pour nous reçoivent toute notre attention. Bien sûr, il n'est pas évident d'arriver à insérer dans la vie de tous les jours de petits plaisirs qui auront pour but d'améliorer notre bien-être. Il s'agira de développer de nouvelles habitudes qui deviendront à la longue des réflexes de prévention.

Au chapitre « Le *listmaking* » sont énumérés de nombreux exemples de petits plaisirs que nous pouvons découvrir avec nos cinq sens, ou encore en fonction du temps dont nous disposons. Rappelons-nous que 1, 5 ou 15 minutes suffisent amplement à modifier notre chimie corporelle. Nous croyons souvent à tort que nous avons besoin de beaucoup de temps et qu'une minuscule activité ne suffira pas à changer quoi que ce soit. Faux! Chaque geste compte, et l'effet est cumulatif.

Il est évident que l'épuisement guette Corinne. Durant l'année qui a suivi le décès de son mari, le temps lui a paru figé, suspendu, comme elle le décrit bien : « J'étais comme dans un rêve! » Elle devait être forte pour ses enfants. Elle a accepté de l'aide pour vivre son deuil, puis s'est reprise en main malgré des épisodes de tristesse. Par contre, elle commence à comprendre qu'elle doit impérativement s'occuper d'elle, car elle porte à bout de bras sa vie et celle de ses enfants.

La méthode suggérée est toujours sensiblement la même. Il faut d'abord déterminer les petites choses qui nous font plaisir, les noter, puis créer des aide-mémoire pour nous rappeler tout au long de la journée de les mettre en application. Pour la jeune veuve, il fallait trouver des activités facilement accessibles et qui demandaient peu de temps. Comme elle n'avait pas de problèmes d'argent, elle aurait facilement pu s'inscrire au gymnase, planifier régulièrement des massages ou toute autre activité régulière à l'extérieur de la maison. Mais elle ne voulait pas faire garder ses enfants par des étrangers, le soir, et ne voulait surtout pas abuser de la générosité de la famille : elle utilisait bien assez souvent leurs services en cas d'imprévus.

Il lui fallait donc insérer à même l'horaire déjà existant sa liste personnelle de petits plaisirs. S'offrir, au lever, un gel douche au parfum envoûtant ou déguster un café expresso d'excellente qualité en lisant un magazine inspirant ; laisser parfois tomber les lunchs et dîner plus souvent au resto (elle en avait les moyens) avec une collègue ou un ami ; se balader au parc ou faire un peu de lèche-vitrine à l'occasion, le midi ; ou prendre quelques congés personnels, sans culpabilité, en ne changeant pas l'agenda des enfants. Un investissement minimum pour un maximum d'impact.

Je n'ai pas d'argent

Myriam a acheté sa première maison à l'âge de 47 ans. Elle a enfin concrétisé un rêve qu'elle caressait depuis de nombreuses années. Comme elle ne gagne pas un salaire élevé, elle a dû économiser chaque sou depuis très longtemps. Une fois installée dans sa nouvelle demeure, elle a continué de budgéter très serré, car une maison entraîne son lot d'imprévus. La nouvelle propriétaire n'est pas fortunée? Qu'à cela ne tienne! Argent ou pas, elle réussit tout de même à se faire régulièrement plaisir.

Bien sûr, s'offrir un voyage, des soins esthétiques ou une journée de magasinage peut nous faire le plus grand bien. Et on se le souhaite sans hésiter. Cependant, ce type de plaisirs peut s'avérer onéreux, et nous n'en avons pas toujours les moyens. Cela devient par contre trop souvent une excuse pour refuser de prendre du temps pour soi. C'est pourquoi il nous faut tenter d'explorer de nouvelles manières de nous faire plaisir. Tout aussi efficaces, elles ne coûtent rien, ou presque, et procurent sensiblement le même résultat, c'est-à-dire de nous permettre de prendre soin de nous sans culpabilité en augmentant notre joie et en diminuant d'autant notre stress.

Il faudrait tout d'abord revoir plusieurs de nos croyances liées à l'argent. Par exemple, nous croyons à tort que ce qui pourrait nous faire du bien est nécessairement coûteux et que sans argent, rien n'est possible. Dans une société axée sur la consommation, où «plus» semble «mieux», il est légitime de croire que le manque d'argent est un obstacle pour qui veut le moindrement se gâter. Nous développons des pensées erronées autour du «tout ou rien». Si nous ne pouvons pas nous payer un voyage, il n'existe rien d'autre qui puisse nous aider à diminuer notre stress. Ou encore, nous constatons que si nous n'avons jamais d'argent pour nous, c'est que les besoins des autres doivent évidemment passer avant les nôtres.

Nos pensées peuvent vite devenir des obstacles majeurs à notre créativité. Pourtant, elles peuvent aussi nous amener hors des sentiers battus pour intégrer dans notre quotidien des moyens simples et concrets de nous faire plaisir, augmentant notre énergie et notre joie et améliorant par ricochet notre qualité de vie.

Myriam n'a pas beaucoup d'argent, et pourtant elle vit dans l'abondance. Une fois l'hypothèque, l'épicerie et les comptes payés, il lui en reste bien peu pour les dépenses personnelles. Pas souvent d'argent pour le cinéma, les spectacles, le resto. Pas d'argent non plus pour les fêtes d'amis où on doit offrir un cadeau en plus de payer son repas. Dans son budget, il y a peu ou pas de marge pour les «divers». En nous imaginant à sa place, nous pourrions nous sentir déprimés ou découragés de mener une vie apparemment austère. Au contraire, Myriam se sent remplie de gratitude parce que tout l'émerveille et qu'un rien lui fait plaisir.

Cette personne a développé un sens aigu de l'esthétique. Elle s'amuse, par exemple, à redonner une nouvelle vie aux vieux objets. Elle adore les brocantes et les ventes de débarras, où elle découvre ses trésors. C'est ainsi qu'elle a réussi à concevoir un décor digne des plus beaux magazines. Le manque d'argent n'est pas un obstacle dans son cas, mais plutôt une source de créativité. Elle s'est en effet créé un milieu de vie des plus agréables, dont l'atmosphère chaleureuse, douce et calme attire les amis. C'est ainsi que dans tous les domaines de sa vie, son originalité compense ses maigres finances !

Les personnes dans la situation de Myriam sont-elles toujours malheureuses pour autant ? En tout cas, celle-ci ne se plaint pas et s'intéresse à une multitude de choses. Sa liste de petits plaisirs est infinie. Elle ne porte pas attention à ce qui lui manque, mais elle est plutôt reconnaissante pour tout ce qui lui est accessible. Le sujet de la gratitude sera d'ailleurs traité dans un prochain chapitre afin de nous permettre de prendre conscience des centaines d'occasions que nous avons de nous réjouir au quotidien.

Myriam racontait dernièrement à quel point elle était heureuse d'avoir enfin pu réaliser son rêve. Tout dans sa maison la contente ; elle admire un rayon de soleil qui fait ressortir la couleur des murs, ou s'émerveille devant une vieille chaise trouvée au bord de la route et restaurée, puis devant la vaisselle ancienne offerte par une tante qui « cassait » maison, et ainsi de suite, en passant par les nappes de dentelle usées acquises récemment et par la beauté des fleurs, dont elle ne se lasse pas.

« Le manque d'argent ne sera jamais pour moi une raison de ne pas me faire plaisir. Je trouve chaque jour des dizaines de petits plaisirs facilement accessibles à tous. Je suis chanceuse, car pour moi, cela semble inné. Mais c'est peut-être seulement une question d'attitude ! »

Je manque d'énergie

« Je cours toute la journée. Je suis toujours fatiguée et quand j'arrive enfin à la maison, le soir, j'ai à peine assez d'énergie pour me préparer un bol de céréales. Je vois l'ensemble des choses qu'il y aurait à faire et je me dis, sans trop y croire, que ce sera pour plus tard, lorsque j'aurai un regain énergie. Peut-être dans la semaine des quatre jeudis... Je ne peux même pas penser aux choses qui me feraient plaisir ou aux activités qui me remettraient en forme. Je n'ai pas la force de m'occuper de moi. C'est tellement décourageant!»

Beaucoup trop fatiguée, Karine n'a pas le courage d'essayer, même en pensée, de prendre soin d'elle. En fait, les vacances sont déjà loin, et l'énergie qu'elle pensait conserver tout au long de l'année s'est dissipée. À la fin de la journée, elle est totalement vidée et, à l'instar de plusieurs d'entre nous, son questionnement est le suivant: «Est-ce que ça vaut la peine de m'occuper de moi? Là où j'en suis, je me sens dépassée. Et puis, ce serait tellement long avant d'observer des résultats que je n'ai tout simplement pas assez d'énergie pour passer à l'action.»

Plusieurs facteurs peuvent expliquer une baisse d'énergie, comme le manque de sommeil ou de lumière, le temps maussade, l'alimentation déficiente, les problèmes de santé, sans oublier le surmenage physique et psychologique. Lorsque le niveau de stress est élevé, il n'y a rien à notre épreuve. L'adrénaline que nous produisons devient alors un carburant puissant. Mais quand cet état perdure, comme une alerte constante, il finit par nous épuiser complètement. Et c'est à ce moment que nous tombons en panne d'énergie.

Nous n'associons pas toujours cette panne avec l'absence d'activités satisfaisantes. Du matin au soir, notre horaire est meublé d'obligations, pour les enfants, le conjoint, la famille, la maison, en plus de nos journées de travail intenses. Cependant, Karine n'a cette excuse-là que sur le plan professionnel, car elle vit seule. Elle travaille dans un hôpital comme répartitrice, communiquant avec les médecins, lançant les codes d'urgence, etc. Un travail vraiment exigeant, mais qui la passionne et qui justifie mal ce perpétuel manque d'énergie.

En réalité, Karine a dû se questionner sérieusement pour comprendre pourquoi son énergie lui faisait tant défaut. La description de son milieu de vie a instantanément apporté des réponses. Selon son expression, son appartement était un véritable capharnaüm, ce qui pouvait expliquer en partie ce «coulage» d'énergie: des revues empilées un peu partout, toutes les tables couvertes de papiers à classer, la vaisselle sale empilée sur le comptoir, un champ de bataille dans sa chambre, ses armoires et ses garde-robes, un frigo douteux, et ainsi de suite. Elle possédait bien sûr de très beaux objets, de nombreux souvenirs de voyage. Malheureusement, ils semblaient perdus dans un tel désordre.

Pour être en mesure d'augmenter notre énergie, il faut faire de la place, libérer de l'espace. Faire le ménage signifie placer, ranger, mais aussi nous défaire des objets qui nous nuisent et des choses qui grugent notre énergie, consciemment ou non. Symboliquement, une fois que l'espace est créé, il devient en réalité plus facile de reconnaître ce que l'on désire. Un grand ménage s'imposait donc! Pour cette étape, Karine a demandé l'aide de sa sœur, en qui elle a une grande confiance et qui ne la jugerait pas. Une fin de semaine plus tard, l'appartement avait retrouvé un air de printemps. Le désordre dissipé, l'ambiance n'était plus la même. Tout était propre, attrayant. Déjà, elle s'y sentait mieux pour se reposer ou même recevoir, ce qu'elle ne se permettait plus souvent.

Malgré ce début encourageant, il lui restait encore des choses à accomplir pour retrouver son énergie de base. Elle était maintenant prête à aborder d'autres sphères de sa vie. En y réfléchissant bien, elle constatait que ses activités de loisirs s'orientaient uniquement vers les autres: famille, organismes, amis, sans jamais viser son propre plaisir. Comme elle aurait été malheureuse de laisser tomber les personnes à qui elle avait fait des promesses, elle a décidé plutôt d'incorporer peu à peu de petits plaisirs à sa vie en écoutant davantage, et sans culpabilité, ses besoins. En se gâtant ainsi, elle améliorait sensiblement son énergie. Cependant, il lui restait encore un malaise. Il y avait dans son milieu de travail une personne qui lui drainait toute son énergie en seulement quelques minutes de présence. Il suffisait d'une courte rencontre pour que Karine retombe dans un épuisement indescriptible. Avec beaucoup de courage, elle a choisi de mettre fin à cette relation qui ne lui apportait plus ni joie ni satisfaction.

Un bilan professionnel s'imposait aussi. Son travail générait énormément de stress, ce qu'elle supportait de moins en moins bien avec les années. Il lui était maintenant impossible d'entendre une sonnerie sans sursauter ou s'inquiéter. Et dire qu'elle passait sa vie à gérer l'imprévu au téléphone! Lors d'un affichage de poste à l'interne, elle a fait le choix de changer de travail pour une occupation qui correspondait davantage à ses goûts, à ses intérêts et à ses aptitudes. En dépoussiérant sa vie, Karine a vu son énergie augmenter au point de pouvoir s'inscrire à un cours de danse un soir de semaine. Elle y a même fait la rencontre d'un charmant partenaire...

Je me sens bien trop coupable

Léo se sent coupable de tout et de rien. Sa sœur unique n'ayant pas d'automobile, il en est le chauffeur attitré. Il se sent constamment coupable lorsqu'il ne peut pas l'amener quelque part. Et parce qu'elle n'a pas de moyen de transport, il est aussi devenu peu à peu le seul responsable des courses à faire pour leurs parents vieillissants. C'est vraiment quelqu'un de fiable, totalement incapable de dire non. Mais quand vient enfin le temps de s'occuper de lui, il se sent encore coupable d'en profiter, surtout s'il reste un seul élément sur sa liste des choses à faire. Impossible de s'offrir une petite douceur, juste pour le plaisir. Rien n'est gratuit quand c'est lui, le bénéficiaire. Tout doit être mérité. Il n'a évidemment jamais de temps, puisque la liste de ses obligations s'allonge à vue d'œil et que les besoins des autres sont toujours tellement pressants.

D'où nous vient cette culpabilité dont Léo n'a pas le monopole? Nous regardons avec perplexité les sociétés dans lesquelles certaines personnes dédient leur existence à la contemplation. Parce que nous nous sentons coupables de nous accorder dix minutes de pause par jour, il nous est absolument impossible d'imaginer toute une vie passée en prière ou en méditation !

Et pourtant, si plusieurs envient secrètement ceux qui prennent le temps de vivre ou parfois même de ne rien faire – du moins en apparence –, peu s'y essaient. Toujours ce bon vieux sentiment qui nous fait nous sentir coupables, que nous le soyons ou non. La peur du jugement des autres et, pire, de notre propre jugement nous influence et nous paralyse. Notre culpabilité nous colle à la peau. En fait, elle devient une seconde peau.

Nos standards personnels de performance sont très éle-vés. Notre sens du devoir l'est tout autant. Nous ne voulons ni être déçus de nous ni décevoir quiconque. Pour nous-mêmes, nous sommes le plus dur des patrons. Et nous ne faisons pas assez souvent la grève... Imaginons une de ces rares journées prises en congé personnel. Pas à cause de la maladie, mais juste pour prendre soin de nous, pour faire de la « prévention » en nous éloignant, par exemple, de l'atmosphère tendue du bureau. Par un malheureux hasard, le journal du matin nous annonce que le taux de producti-vité de notre province est le plus bas au pays. De là à mettre cet innocent congé dans la balance, il n'y a qu'un pas. Adieu plaisir, bonjour culpabilité !

Malgré tout, à force de voir nos collègues de travail tom-ber comme des mouches, nous décidons de ralentir un peu en nous accordant du répit de temps à autre. Lorsque notre rendez-vous de quatorze heures est annulé, et alors qu'aucun dossier ne brûle, nous partons le cœur léger en escapade. Magasiner en évitant la foule, aller au cinéma en plein après-midi, nous attarder à la terrasse d'un café, nous avons l'embarras du choix. L'expérience sera parfaite à condition de ne pas croiser une vague connaissance qui fait allusion avec ironie au bon temps qu'on se paie « sur le bras » de notre employeur. Parions qu'on retournera alors au boulot tout piteux, le lendemain.

Même si l'on fait de plus en plus souvent l'éloge de la paresse et que l'on consacre une journée internationale à la lenteur, nous n'y accordons que peu de crédibilité, tout au plus un sourire amusé. Nous avons bien trop peur de prendre l'habitude de nous écouter ou de nous gâter. Nous résistons courageusement aux menus plaisirs qui s'offrent à nous, car la culpabilité a la couenne dure.

La culpabilité est l'un des obstacles les plus importants que nous ayons à franchir pour augmenter notre bien-être. Si nous avons l'habitude de faire passer les besoins des autres avant nos propres besoins, il y a fort à parier qu'un sentiment de culpabilité nous envahira à chaque essai, comme le vit Léo. Au lieu de laisser émerger la culpabilité, celui-ci se répète sans cesse qu'il ne doit pas se sentir coupable. Vouloir nier cette émotion équivaut à la négation du trac pour un artiste. C'est impossible ! Mieux vaut regarder la culpabilité en face et comprendre ce qui la fait émerger afin de trouver comment y répondre d'une manière plus adéquate.

Il se peut que le sentiment de culpabilité soit en lien avec une faible estime personnelle, quand on se donne constamment aux autres, par exemple, et ce, même à son propre détriment. Est-ce à dire que les besoins des autres sont plus importants que les nôtres ? Lorsqu'on valorise exclusivement les besoins des autres, cela crée un cercle vicieux. En effet, moins nous nous valorisons, moins nous pensons mériter d'attention, et moins nous nous occupons de nous. Ainsi libérés de la responsabilité de prendre soin de nous, nous nous occupons encore davantage des autres, et ainsi de suite.

C'est en prenant conscience de ces comportements que nous pourrons les modifier. Pour être en mesure de nous occuper de nous et de nous placer régulièrement en tête de nos priorités, il nous faudra donc le plus possible nous désensibiliser au sentiment de culpabilité. Une fois cette étape amorcée, la culpabilité sera moins présente et, surtout, moins intense.

À ce stade-ci, nous devons d'abord reconnaître nos déclencheurs de culpabilité. Nous nous sentons coupables :

- de dire non à un membre de notre famille ;

- d'émettre notre opinion dans une situation délicate ;

- de prendre du temps pour nous alors que nos enfants ou nos parents réclament notre présence ;

- de dépenser de l'argent pour nous-mêmes et non pour les autres, etc.

En prenant la responsabilité de notre culpabilité au lieu d'en jeter le blâme sur quelqu'un d'autre, nous changeons notre discours intérieur. La phrase «Mes enfants me font me sentir coupable» n'a plus de sens. La responsabilité n'est plus la même, et la conséquence non plus. Nous pouvons alors commencer à faire des gestes. Agir peut impliquer de démissionner d'un engagement bénévole qui nous draine trop d'énergie, ou de dire non à la demande d'un collègue quand nous sommes déjà débordés. Nous choisir peut aussi nous donner le droit de changer d'idée par rapport à une activité acceptée sous pression ou pour faire plaisir à tout le monde sauf à soi.

Il faut voir ces actions comme une étape essentielle pour retrouver un équilibre. Faire face à la culpabilité, c'est comme lutter pour sa vie. Nous pouvons choisir d'attendre la maladie ou l'épuisement pour réagir, mais nous pouvons également opter pour un inconfort temporaire en faisant face à la culpabilité. Après tout, ce n'est pas un bien grand prix à payer pour retrouver notre pouvoir personnel et une meilleure qualité de vie.

Je ne veux pas
avoir l'air égoïste

Florence a pris l'habitude de faire une longue promenade tous les jours. Elle va au bord du lac observer les canards, elle prend l'air et savoure l'instant présent. Elle fait maintenant toutes sortes de petites choses pour s'occuper d'elle. Son entourage a déjà fait des commentaires désobligeants à son endroit, trouvant qu'elle est devenue plus égoïste, ce qui ne l'a pas empêchée de continuer. Ces escapades lui ont sauvé la vie, alors qu'elle était en détresse, et sont devenues ses moments de prière, de méditation, de ressourcement. « Il est vrai que je m'occupe maintenant de moi, mais c'est une question de survie. Pour pouvoir continuer à m'occuper de ma famille, je n'avais pas le choix. Si prendre soin de soi veut dire être égoïste, alors je veux bien l'être. »

Tant pis pour ceux qui la jugent mal et tant mieux pour elle! Pour plusieurs d'entre nous, le mot « égoïste » peut avoir une connotation négative, souvent liée au complexe judéo-chrétien. Même si on nous a répété maintes fois que «charité bien ordonnée commence par soi-même», bien peu d'entre nous ont intégré la maxime à leurs vies. Nous lui avons préféré les vertus altruistes, le don de soi. En pensant à nos enfants, par exemple, nous considérons que leur bonheur passe avant tout ou que le simple fait de les voir heureux nous rend heureux. Mais avons-nous une place dans ce beau projet de vie?

Se placer en tête de liste dans un contexte de gestion du stress veut dire que nous devons apprendre à considérer nos besoins au même titre que ceux des autres. Lors de mes conférences, je demande régulièrement aux participants de noter dans un cahier les choses et les êtres qui sont vraiment importants pour eux. Étrangement, une grande majorité des participants ne s'inscrivent pas sur leur liste, alors qu'on y retrouve les conjoints, parents, familles, amis, chiens ou chats, maisons, chalets et automobiles. «Je n'y avais absolument pas pensé!» s'exclament-ils.

En réalité, quand nous observons les personnes souffrant de surmenage ou d'épuisement, nous comprenons qu'elles ont rarement adopté ce principe de charité bien ordonnée. Elles ont plutôt l'impression que leur vie est une succession de journées de travail, que les autres méritent toute leur attention, mais qu'elles-mêmes n'en valent pas la peine. Elles s'occuperont d'elles quand toutes les conditions seront réunies, c'est-à-dire quand elles en auront le temps et l'énergie, que les besoins de leur entourage seront entièrement satisfaits, et ainsi de suite. Seulement à ces conditions accepteront-elles de se consacrer du temps et de s'offrir de petits plaisirs.

La peur du jugement des autres peut de plus être un obstacle majeur lorsqu'on désire prendre du temps pour soi. L'idéal serait que nous puissions déléguer à quelqu'un d'autre la gestion de notre stress et, par ricochet, de notre bien-être. Mais, en réalité, ce n'est pas la responsabilité de notre conjoint, de nos enfants ou de notre employeur de le faire. C'est notre propre responsabilité. Si nous devons re-définir à notre avantage le mot «égoïste», allons-y cette fois sans réserve!

«Égoïste» pourrait donc aussi vouloir dire:
- croire qu'on en vaut la peine;
- considérer ses besoins;
- être disponible à soi;
- connaître les choses qui nous font plaisir;
- prendre du temps tous les jours pour s'occuper de soi;
- savoir se dire oui souvent;
- savoir dire non parfois;
- se responsabiliser par rapport à la gestion de son stress;
- s'aimer assez pour ignorer le jugement des autres.

Il est certain que nous ne pouvons pas donner ce que nous n'avons pas. Quand la fatigue nous gagne, que tout nous paraît comme une montagne, il est bien normal d'avoir peu de disponibilité pour les autres. Devenir égoïste et s'occuper de soi veut également dire que nous accepterons que les autres se prennent en charge un peu plus, diminuant ainsi le ressentiment et la frustration de part et d'autre.

Au cœur de cette crainte de passer pour une personne égoïste réside, comme dans toutes les autres objections d'ailleurs, l'estime de soi. Il faut simplement croire que nous sommes importants, que nous en valons la peine et que nous le méritons! Si notre entourage ou notre famille réussit parfois, bien involontairement, à semer le doute sur nos capacités, d'habitude nous parvenons très bien à le faire nous-mêmes. Nous entretenons des idées irréalistes sur qui nous sommes: soit nous aimerions être parfaits dans tous les domaines et nous faisons de grands efforts pour maintenir cette image publique, soit nous nous sentons incapables. Ces deux visions servent mal l'estime de soi. Il faut avant tout avoir une idée juste de nous-mêmes, avec nos goûts, nos talents, nos compétences, nos faiblesses, nos aversions, nos vulnérabilités. Avoir une vision réaliste et apprendre à nous aimer tels quels, voilà le défi !

À force de porter notre attention sur les autres, ce que nous appelons le «syndrome du bretzel» (cette capacité de faire des contorsions pour plaire à tout le monde en s'oubliant dans le processus), nous nous sommes perdus de vue, et notre estime personnelle se retrouve évidemment au plus bas. Et quand nous ne croyons plus en nous, il devient facile d'abandonner nos rêves, de passer à côté de notre vie de peur que les gens nous posent l'étiquette «égoïste».

J'ai eu à plusieurs reprises le privilège d'accompagner des personnes en fin de vie. Lorsque je me retrouvais à leur chevet, après de nombreuses heures de silence, il devenait plus facile de faire un bilan personnel et de constater à quel point la vie est courte, qu'elle passe toujours trop vite. Vivre pleinement, c'est aussi nous accepter avec tout ce que nous sommes, avec nos bons coups et nos erreurs, nos qualités et nos travers, nos moments de découragement ou de félicité. Même si nous avons déjà vécu des déceptions qui ont pu miner notre confiance, nous devons cesser d'entretenir un langage intérieur autodestructeur. Il n'est jamais trop tard pour contrôler nos pensées et commencer à croire en notre valeur personnelle, pour souligner régulièrement nos accomplissements et nos succès, nous donner une petite tape sur l'épaule avant de poursuivre notre chemin.

Notre vie n'est-elle pas aussi précieuse que celle de n'importe qui d'autre?

Je n'ai pas été éduqué comme ça

Claire est l'aînée d'une famille de six enfants. Très jeune, elle s'est occupée de ses frères et sœurs, ainsi que des repas, de la lessive et de l'entretien de la maison. Sa mère avait une santé fragile, et son père travaillait d'arrache-pied à la ferme, bien au-delà des heures d'ensoleillement. Claire a rapidement compris le rôle qui lui incombait. Sans se poser de questions, elle a su répondre de façon exceptionnelle aux attentes de tout un chacun. Plus tard, elle a quitté sa campagne natale pour s'installer en ville avec son mari. Ensemble, ils ont eu trois enfants, dont le plus jeune est atteint d'une maladie dégénérative. Le rythme de vie s'est encore accéléré pour Claire, et sa santé s'est détériorée.

À ma suggestion de s'accorder davantage de temps pour faire les choses qu'elle aimait, elle a paru vraiment surprise. En réalité, toute sa vie a été vouée aux autres sans qu'elle se laisse jamais ni place, ni temps, ni énergie, ce qu'elle résume ainsi: «Je n'ai pas été éduquée comme ça. À la maison, tout le monde travaillait fort, y

compris moi. Alors, je ne sais même pas comment intégrer le plaisir dans ma vie. »

En matière de satisfaction des besoins ou de recherche du
plaisir, la plupart des adultes ont moins d'habiletés que
des nourrissons. Il faut justement comprendre que depuis
notre plus tendre enfance, notre éducation, souvent em-
preinte d'idées religieuses, nous présentait l'amour de soi
et le plaisir comme une faiblesse ou une absence de force
morale. Pour qu'une action soit valable et méritoire, nous
devions avoir souffert sinon enduré bien des épreuves en
la réalisant. La vie était un combat, et tant mieux si nous
le gagnions !

Ces croyances pourtant erronées ont laissé des traces
profondes en nous. Toutes les phrases qui en sont inspirées expriment bien les craintes encore ancrées dans nos
schèmes de pensée : « Il ne faut jamais s'écouter ni s'api-
toyer sur son sort » ; « Moins on en fait, moins on est capable
d'en faire » ; ou encore « Si je commence (à satisfaire mes
besoins, à me faire plaisir), je ne serai jamais capable de
m'arrêter ».

De plus, comme la paresse était un péché capital, ne
rien faire nous a toujours paru louche, suspect. Certains
proverbes toujours utilisés couramment en témoignent,
comme « l'oisiveté est mère de tous les vices ». Nous sommes
bien courageux quand nous décidons tout de même de
nous arrêter pour souffler un peu ou pour nous gâter, car
le seul mot « gâter » possède en lui une charge négative
très puissante. En effet, il est associé à la détérioration et
à la pourriture ! Nous pouvons donc mesurer la crainte na-
turelle que le plaisir nous inspire dans un emballage aussi
peu invitant. La prudence est de mise et « la modération a
bien meilleur goût ».

Autres temps, autres mœurs. Pour nos parents, nos grands-parents et même nos ancêtres, la vie était très différente. Et leurs croyances avaient certainement leur raison d'être. Mais nous vivons dans un monde totalement transformé, où une nouvelle croyance devient impérative : il faut absolument s'occuper de soi si on veut être en mesure de s'occuper des autres. Comme une croyance n'est qu'une pensée répétée, nous avons le pouvoir de nous l'approprier. De plus, nous transportons dans notre bagage une multitude de croyances qui nous ont certainement servi à un moment de notre vie. Mais est-ce encore nécessaire de toutes les porter aujourd'hui ?

L'exemple de Claire peut permettre d'évaluer l'utilité de conserver nos croyances. En repensant à son père qui lui disait : « Faut bien gagner notre ciel sur la terre », elle a dû se poser les questions suivantes :

- Est-ce que cette croyance est basée sur un fait ?

- Est-ce que cette croyance sert mon meilleur intérêt ?

- Est-ce que cette croyance me rend heureuse, calme et paisible ?

- Est-ce que cette croyance protège ma santé ?

- Est-ce que cette croyance satisfait mes désirs ou me rapproche de mes rêves ?

- Est-ce que cette croyance me cantonne dans un espace ou un rôle que je ne veux plus occuper ?

En répondant à ces questions, Claire a vite fait de constater que sa vieille croyance n'était pas basée sur des faits et qu'elle ne servait absolument plus ses intérêts. En ce moment, cette croyance ne protège aucunement sa santé et, au contraire, la cantonne dans un espace et un rôle dont elle ne veut plus.

Combien de dictons, d'adages ou de croyances agissent encore sur nous, tels des vestiges de notre éducation ? Il faut toujours nous rappeler qu'une croyance n'est qu'une pensée répétée tellement de fois que nous finissons par y croire et l'adopter.

Quand un petit plaisir s'offrira à nous, pourquoi ne pas l'accueillir spontanément par cette exclamation entendue dans des publicités célèbres: «Je le vaux bien!» Alors, rien ne pourra plus nous empêcher de profiter des moments les plus précieux de la vie.

Inscrivons dans nos agendas et là où nos yeux se posent souvent de nouvelles croyances qui nous ressemblent. Elles remplaceront avantageusement les anciennes!

Je n'ai aucune idée de ce qui me fait plaisir

Lors d'un atelier sur la gestion du stress, je demande aux participants de noter dans un petit cahier 20 choses qui leur font plaisir. Après plusieurs minutes, un homme réclame mon aide. Je m'approche, il lève les yeux vers moi et me dit qu'il n'y arrive tout simplement pas: «Je peux vous nommer avec précision ce qui fait plaisir à ma conjointe, à mes enfants, à ma secrétaire, même à ma belle-mère! Mais moi, ce qui me fait plaisir, je ne le sais pas. Je suis devant la page blanche, il y a comme un vide à l'intérieur. Je n'ai aucune idée de ce que je pourrais écrire, et ça m'inquiète.»

Avec le temps, nous nous sommes tellement mis au service des autres, à répondre aux besoins de tout un chacun, que nous avons développé le «syndrome du bretzel». Ne plus se rappeler ce qui nous fait plaisir est fréquent, et savoir avec précision ce qui fait plaisir aux personnes de son entourage l'est tout autant.

Nous croyons à tort qu'il s'agit de choses compliquées, alors que ce sont généralement de tout petits gestes qui augmentent notre bonheur et notre bien-être. C'est pour cela qu'il est essentiel de faire l'inventaire des choses et des gestes qui accroissent notre plaisir.

Se poser simplement la question suivante: «Qu'est-ce qui me ferait plaisir maintenant?» peut sembler anodin. Par contre, si nous en prenons l'habitude à tout propos, nous nous recentrons, mine de rien, sur le moment présent tout en y ajoutant la notion de plaisir. Par exemple, lorsque nous avons un choix de menu à faire au resto ou que nous faisons l'épicerie, nous pouvons nous demander ce qu'il nous ferait plaisir de manger ou de cuisiner cette semaine. En choisissant entre un thé, une tisane, un chocolat chaud, ou encore un café cappuccino ou *latte*, nous essaierons de savoir ce qui nous fait plaisir maintenant. Au début, nous serons peut-être hésitants, puis, avec le temps, cela deviendra un réflexe. Et nous sourirons intérieurement en faisant à l'occasion un geste machinal, ayant oublié de tenir compte de nos goûts.

Remettre du plaisir dans notre vie deviendra, avec le temps, une nouvelle façon de vivre. Nous constaterons que, malgré tout ce qu'il y a à faire (et Dieu sait que nos listes peuvent être longues!), le plaisir est omniprésent.

***

Une autre participante me confiait lors de ce même atelier: «Je ne suis jamais sûre de faire les bons choix, je ne suis pas certaine de ce qui me fait plaisir. Peut-être y a-t-il autre chose de mieux? En cas de doute, je m'abstiens. Par exemple, j'aimerais bien aller prendre un café avec une amie, mais j'aurais aussi le goût de m'installer pour lire un bon roman. À force de douter, je ne fais ni l'un ni l'autre. Et, en bout de ligne, je m'en veux. »

Il est si facile de saboter une bonne intention. Et le résultat final montre que rien n'a été fait pour s'occuper de soi. Une bonne excuse de plus ! Nous n'avons pourtant rien à prouver à personne. La vie n'est pas une compétition, nul besoin d'y ajouter de la performance. Il faut juste essayer une chose, et puis si ce n'est pas satisfaisant, en essayer une autre !

Évidemment, il faut d'abord déterminer ce qui nous fait plaisir. Pour y arriver, il y a quelques exercices qui peuvent s'avérer inspirants. Un premier consiste à se rappeler un ou plusieurs moments de notre enfance où nous nous sentions particulièrement heureux. Ces souvenirs feront émerger des activités, des odeurs, des instants de pur bonheur. En général, ce que nous aimions enfants, nous l'aimons toujours à l'âge adulte. Ce sont habituellement des choses simples pouvant paraître anodines ; elles viennent cependant éveiller nos sens et constituent une source infinie de plaisir.

Un deuxième exercice suggère justement d'utiliser nos cinq sens pour y découvrir de nombreuses sources de plaisir. Celles-ci demeureront, soit dit en passant, toujours accessibles. Une fois que nous avons une grande quantité d'éléments à notre portée, il nous suffit de trouver des façons de nous rappeler d'en utiliser tous les jours, plusieurs fois par jour. Les moyens suivants peuvent nous y faire penser :

- une boîte remplie de petits papiers sur lesquels sont inscrits nos plaisirs, que nous pouvons piger au fil de la journée, en tout temps et n'importe où ;

- de petits collants aide-mémoire placés un peu partout, juste pour nous rappeler qu'un plaisir, même minuscule, est assurément mieux que l'absence de plaisir ;

- le sachet d'endorphines, un moyen ludique de transporter avec nous de petits objets symboliques à évoquer au besoin.

Dans le cas de ce dernier moyen, il s'agit de remplir un petit sac de tissu de minuscules objets, comme un cœur, pour ne pas oublier que nous sommes la personne au cœur de notre vie ; des étoiles, parce que l'enfant en nous aime les petites choses toutes simples, remplies de joie et qui brillent ; un grain de café, pour nous souvenir qu'un moment d'arrêt, juste le temps d'une pause avec nous-mêmes ou avec un ami, est une belle source de joie et de plaisir ; un grain de maïs soufflé, pour nous rappeler que s'éclater de temps en temps fait du bien au corps et à l'esprit, et que rire augmente notre bien-être et notre énergie ; une perle, pour nous souvenir que chacune est unique – de là sa beauté – et qu'il ne faut pas essayer de devenir quelqu'un d'autre, ni d'adopter les plaisirs des autres, car les nôtres sauront amplement nous combler ; et finalement, une plume, afin de ne pas oublier qu'en tout temps, malgré la turbulence extérieure, un peu de légèreté et de douceur nous fera le plus grand bien.

Ce ne sont que des inspirations pour nous aider à découvrir les choses qui nous font plaisir, notre imagination étant en la matière notre seule limite. Pour commencer notre liste personnelle, référons-nous au chapitre « Le *list-making* » et donnons-nous-en à cœur joie.

Je m'occuperai de moi plus tard

Après avoir fait tous les calculs nécessaires, Charles voit enfin poindre à l'horizon le jour béni de sa retraite. Il aurait bien souhaité la prendre plus tôt. Mais les pénalités actuarielles étant ce qu'elles sont, il pourra le faire à 62 ans, soit dans 4 ans 8 mois 14 jours et quelques heures. Quel soulagement! Il rêve de ce moment fabuleux avec bonheur. Pour la première fois de sa vie, il pourra alors commencer à faire des choses qui lui font plaisir et à écouter un peu ses envies. À la condition, bien sûr, qu'il arrive à se rendre jusque-là. En fait, Charles est extrêmement fatigué, et la pression quotidienne est si lourde qu'il n'a plus aucun enthousiasme pour quoi que ce soit. Ses dimanches soir sont remplis d'angoisse, et ses lundis matin deviennent de plus en plus pénibles. Pourtant, il n'a pas le choix de continuer. Il est hors de question pour lui de changer de travail au seuil de la retraite. On l'entend souvent répéter sa phrase fétiche, celle qui sert à le fouetter quand il a du mal à avancer: « J'vais tenir le coup et, après, je m'occuperai de moi! »

Toute sa vie a été façonnée ainsi. Lorsque les enfants étaient petits et que la vie prenait un rythme effréné entre les couches, les maladies, le travail et les innombrables obligations, il se disait que plus tard, tout irait mieux. Puis, il est devenu le chauffeur attitré pour les activités de ses jeunes enfants : le hockey, le soccer, le patinage artistique et tant d'autres. Encore une fois, il se disait que plus tard, il s'occuperait de lui, car ce n'était pas encore le bon moment. Puis, son frère est décédé subitement à l'âge de 49 ans. Ce choc terrible l'a secoué pendant plusieurs semaines. Charles avait dans les circonstances la ferme intention de changer des choses, de commencer à prendre soin de lui, mais sa vie trépidante a vite repris ses droits. Et son agenda trop chargé a continué à le dominer après seulement quelque temps. Il a remis à plus tard son bien-être, se sentant maintenant à l'abri des ennuis de santé, puisqu'un récent bilan médical ne démontrait aucune faiblesse particulière.

À l'instar de Charles, nous croyons trop souvent que nous aurons tout le temps dans le futur pour nous occuper de nous, quand tout sera parfait. Mais, en définitive, rien ne sera jamais parfaitement réglé. On croit que quand les choses vont se calmer, on prendra soin de soi. Cependant, la vie se présente rarement de façon aussi simple. De plus, sans que l'on sache trop pourquoi, le plaisir se fait, avec les années, plus discret sinon absent autour de soi. Comme si c'était à la fois démodé ou contre-performant de s'en préoccuper. Pourtant, on planifie le plaisir en abondance pour plus tard et on le diffère vers un avenir sur lequel on n'a absolument aucune prise.

Bien des travailleurs d'âge mûr rêvent en permanence de leur retraite, souvent avec un goût amer. On leur avait fait des promesses lorsqu'ils étaient jeunes, des prévisions qui ne se sont jamais réalisées. Leur vie facilitée par des robots ménagers, la civilisation des loisirs, la conciliation travail-famille, la liberté 55 ! Et les voilà plutôt dévorés par le mal du siècle, ce fameux stress présent dans chaque recoin de l'activité humaine...

À bien y penser, décider de prendre soin de soi plus tard est vraiment présomptueux. Comment savoir ce que l'on pourra contrôler dans un jour, un mois, une semaine ou une année? Ce pouvoir qu'on s'accorde est une illusion. Par contre, le pouvoir de vivre l'instant présent est bien réel, ainsi que celui de se faire plaisir, la santé et la qualité de vie s'améliorant par le fait même. Mais rien ne vient par magie, et Charles devra, comme nous, faire de petits gestes quotidiens: d'abord pour apprendre à connaître ses goûts, puis pour explorer des activités qui lui feraient plaisir, et finalement pour insérer celles-ci plusieurs fois par jour dans son horaire même chargé.

À ce régime, son stress diminuera peu à peu, et sa joie et son énergie lui reviendront progressivement. Ses réflexes de protection se développeront et l'habitude sera créée de prendre soin de lui, et ce, dans chacun des petits plaisirs qu'il aura appris à s'accorder.

Il est à parier que les journées de Charles passeront maintenant à la vitesse de l'éclair et que la retraite arrivera sans qu'il ait constamment à la surveiller. Car son avenir se jouera bel et bien au présent!

Je suis bien
trop stressé

Alex est gestionnaire dans une grande entreprise. Il gère de nombreux employés, et ses responsabilités se multiplient. Il y a de moins en moins de personnel d'encadrement. Plusieurs de ses collègues sont en congé de maladie prolongé; il se voit donc obligé de les suppléer. Depuis déjà bien longtemps, il ne compte plus ses heures. Cette situation s'est envenimée lorsque sa conjointe a décidé de le quitter. Puis, pour ajouter «la cerise sur le *sundae*», ses parents vieillissants devaient être placés en résidence d'accueil. Comme il est fils unique, cette lourde tâche lui est revenue. Lors de notre première rencontre, il était à vrai dire dans un état pitoyable. Épuisé, découragé, il tentait de maintenir à bout de bras l'ensemble de sa vie, mais il se sentait au bord du précipice. Une de mes premières interventions a été de lui suggérer de déterminer des choses qui lui faisaient plaisir. Une tâche particulièrement difficile pour lui, qui répétait sans cesse: «Je suis bien trop stressé, qu'est-ce que ça va donner?»

En effet, si pendant des mois, pour ne pas dire des années, notre seul carburant a été l'adrénaline, que notre vie n'est qu'un tourbillon et une interminable liste de choses à faire, il est bien légitime de penser qu'ajouter un ou deux petits plaisirs dans notre vie sera futile. L'adrénaline est un carburant puissant. On l'appelle l'hormone du stress. Vivre quelques heures, voire quelques jours, avec un taux élevé d'adrénaline passe toujours, mais le faire durant plusieurs mois devient dangereux pour la santé.

Quand on essaie de rétablir notre équilibre, l'impatience peut nous gagner. Et comme on espère des résultats immédiats, on se répète que c'est peine perdue. Que même si nous faisons de petits gestes au long de la journée pour nous occuper de nous, la quantité d'endorphines ne sera jamais assez importante pour diminuer notre stress. Cela semble impossible, alors nous ne faisons rien; et en ne faisant rien, c'est certain que nous n'aurons pas de résultats. Un petit pas à la fois. Inutile de vouloir tout changer instantanément, car les résultats ne seront pas durables. Plus on travaille à la fondation, plus elle sera solide, et plus il sera facile d'édifier ensuite. Chaque petit geste compte.

Dans cet exemple, Alex éprouvait plusieurs signes d'essoufflement; pourtant, il lui paraissait plus facile de les ignorer, de les banaliser. Au tout début, il se disait qu'une fois n'est pas coutume, que de travailler tard en soirée ou de ramener le porte-document à la maison en fin de semaine n'était pas si grave. Mais à la longue, il a fini par constater que ces exceptions étaient devenues sa seule façon de vivre, une vie complètement folle et peu enviable.

Il m'expliquait ainsi quelques-uns de ses symptômes: « Je me sens sur le bord de craquer; parfois, j'ai l'impression que ça tremble à l'intérieur. Je dors mal, ou très peu. Et je sais d'avance que je vais faire de l'insomnie, ce qui m'inquiète. J'aurai du mal à me concentrer le lendemain, au travail, alors qu'avant j'étais réputé pour mon excellente concentration. J'ai perdu mon sens de l'humour, tout me semble sérieux, pour ne pas dire dramatique. Je ne pleure pas, malgré que j'aie souvent la larme à l'œil.» Il n'y avait pas de doute sur l'ampleur de la crise.

Ces signaux d'alarme ne mentent pas. Ils se sont installés sournoisement et après un certain temps, Alex n'avait plus le goût de rien. Chaque nouvelle demande venait allonger l'interminable liste des choses à faire. N'ayant plus d'énergie pour toutes ces tâches, il en avait encore bien moins pour s'occuper de lui. L'agenda avait pris le contrôle, et il se sentait impuissant. Lors d'une de nos rencontres, je lui ai simplement dit ceci: «Vous savez, c'est impossible pour quiconque de tout faire!» Cette phrase a eu l'effet d'une bombe. «Impossible de tout faire, impossible de tout faire...» Il répétait sans cesse ces quatre mots, et j'ai vu qu'il venait de comprendre quelque chose d'essentiel.

Lorsque nous sommes très stressés, nous nous sentons incapables d'établir des priorités. Tout semble urgent. Incapables de dire non, nous acceptons des missions impossibles. Il y a pourtant la règle des 10-10-10[1]: «Quelles seront les conséquences de ma décision dans 10 minutes, dans 10 mois ou dans 10 ans?» Ce questionnement est très utile pour mettre les choses en perspective et diminuer automatiquement notre niveau de stress. Il arrive en effet que nous disions oui à toute demande sans nous poser de questions et que nous le regrettions l'instant d'après.

Alex a promis à ses parents de leur rendre une visite. Il quittera le bureau vers 17 h 30, prendra une bouchée sur le pouce et se rendra ensuite à leur résidence. Alors qu'il quitte le bureau, son patron l'intercepte pour lui confier un dossier urgent. «Oups!» se dit-il intérieurement, déchiré entre la promesse faite à ses parents et la

---

1. *The rule of 10-10-10* de Suzy Welch.

demande pressante de son supérieur. Il met alors en application la règle des 10-10-10. Dans 10 minutes, s'il choisit de rester au bureau, ses parents seront très déçus, puisque cela fait exactement une semaine que cette soirée a été planifiée pour l'anniversaire de son père. S'il décide d'aller les visiter, son patron sera lui aussi dans tous ses états. Bon, dans 10 minutes, peu importe la décision, rien n'ira plus! Cependant, dans 10 mois, en supposant qu'il décide de rester au bureau, ses parents seront encore déçus que le travail ait eu la priorité en ce jour d'anniversaire. Pour sa part, son supérieur ne se souviendra probablement plus de sa demande. Déjà, la décision se dessine, et quand il se projette dans dix ans, tout devient limpide. Sa décision est prise sans remords. Il faut choisir. Impossible de tout faire!

Quand nous prenons la décision de nous occuper de nous et de remettre du plaisir dans notre vie, les conditions extérieures – qui semblent parfois absolument insurmontables – ne devraient pas décider à notre place. Sans être magique, chaque petit geste accompli en notre faveur devient efficace. C'est justement lorsque nous sommes très pressés ou trop stressés, et que tout va trop vite que nous avons besoin de ralentir et de mettre les choses en perspective en y ajoutant du plaisir. Le niveau d'adrénaline diminue, celui des endorphines augmente : nous nous sentons simplement mieux, de meilleure humeur, plus résistants et forts. Et en fin de compte, plus heureux.

Je ne crois pas que ce soit possible d'atteindre l'équilibre

Caroline avait un rêve. Jeune, elle se voyait avec une jolie petite marmaille, trois, peut-être quatre enfants. Une maison en banlieue, un conjoint disponible partageant les mêmes valeurs familiales qu'elle et un travail qui saurait la satisfaire. Avec la venue du deuxième enfant, son rêve s'est transformé en hantise. Son horaire est devenu fou, surtout avec d'éprouvantes heures de voyagement. Le matin, c'est la course folle pour préparer les enfants à partir pour la garderie, et le soir, c'est tout aussi stressant. Même si son conjoint partage les tâches domestiques, elle n'a pas de temps et se sent toujours à bout de souffle. La jeune maman a bien peu de plaisir au quotidien, et le plus difficile à accepter est sans doute qu'elle doive imposer ce rythme à ses enfants. «L'équilibre travail-famille, moi, je n'y crois tout simplement pas. Je suis dépassée. Je ne sais pas comment ma mère et ma belle-mère ont pu y arriver. Peut-être qu'elles étaient plus douées que moi. Mais je ne suis pourtant pas une si mauvaise mère!»

Cette *superwoman* malgré elle n'est vraiment pas la seule à se sentir dépassée, car le scénario est très classique. Caroline exerce un métier spécialisé qui l'oblige à travailler dans la métropole. Par contre, comme elle n'a pas encore les moyens d'y habiter, elle voyage. Bien que la garderie offre une certaine flexibilité, le pont, lui, n'en offre aucune. La circulation est pour ainsi dire imprévisible et, beau temps mauvais temps, il lui est impossible de prévoir la durée du trajet pour se rendre au boulot ou en revenir. Son horaire de travail n'est pas toujours modifiable, surtout à cause de réunions tôt le matin. Son employeur fait preuve de compréhension, mais elle ne veut en aucun cas en abuser.

La première fois que Caroline a demandé de l'aide, elle semblait épuisée et triste. «Il me semble que je suis une personne relativement bien organisée, et pourtant je n'y arrive pas. Je ne sais pas comment les autres font, mais moi, j'ai l'impression d'être constamment prise dans un tourbillon. Ma vie est loin de ressembler à ce que j'imaginais!» Évidemment, son niveau de stress était aussi élevé que son sentiment d'échec. Elle n'avait pas de temps pour elle, et encore moins pour son conjoint. Les fins de semaine servaient uniquement à se remettre à jour: repas, lessive, ménage, courses et parfois, si le temps le permettait, une activité avec les enfants. C'était tout. Aucune place pour de l'imprévu, seulement le train-train quotidien.

Il aurait tellement été agréable d'utiliser une formule magique pour lui permettre de reprendre instantanément du contrôle sur sa vie! Malheureusement, les changements s'opèrent à pas de tortue dans ce domaine et apparaissent microscopiques au début. La première étape entreprise avec Caroline consistait donc à lui faire trouver une définition personnelle mais réaliste de l'équilibre. La jeune femme a vu à quel point elle était ambitieuse! La deuxième étape visait à lui faire examiner son agenda pour essayer de trouver des moyens très simples de gagner du temps le matin, puisque ce moment clé de la journée semblait le plus problématique. Pouvait-elle avancer l'heure de lever pour se permettre d'avoir 30 minutes supplémentaires avant le réveil des enfants? Cela impliquait pour elle d'être extrêmement disciplinée à l'heure du coucher. En trouvant aussi une façon de se réveiller en douceur avec de la musique plutôt qu'avec l'alarme de son réveille-matin, elle pourrait déguster dans le calme ces instants précieux et avoir enfin le sentiment de s'appartenir davantage. Certaines activités matinales ont de plus été ajustées, comme le petit-déjeuner. Avec le soutien de son conjoint, ce repas est devenu pour toute la famille une joyeuse façon de commencer la journée.

Caroline a ensuite déterminé des choses qui lui faisaient plaisir, de toutes petites choses (voir le chapitre «Le *list-making*»), qu'elle devait essayer d'introduire tout au long de la journée, question d'augmenter ses endorphines. Être un peu moins à la course le matin la rendait de meilleure humeur, et en ajoutant ici et là de courtes pauses plaisir dans son quotidien, elle retrouvait de l'énergie. Son compagnon lui a emboîté le pas en expérimentant, avec sa touche personnelle, les moyens qu'elle lui suggérait.

Les jeunes parents débordés ont finalement décidé de s'accorder une sortie hebdomadaire «statutaire». Ils ont trouvé une gardienne que les enfants adorent. Il va sans dire que leur vie de couple a alors pris un second souffle et que leur complicité a redoublé. Bon, ce n'est pas parfait, loin de là, mais ça va de mieux en mieux! Et pour la première fois depuis longtemps, Caroline affirme qu'elle a repris un peu de contrôle sur sa vie. Il reste sûrement beaucoup à faire sur le plan de l'organisation de la maison, par exemple la planification de l'épicerie en vue de préparer des repas pour la semaine. Une autre étape les amènera peut-être à préparer de petits plats congelés, et au lieu de voir cela comme une corvée additionnelle, ils pourront en faire un rituel simple et agréable. Plutôt que de passer un temps fou à chercher une mitaine, une tuque, un bas ou une botte, ils développeront sans doute un système de rangement efficace. En cessant de se culpabiliser et de juger qu'elle n'était pas une bonne mère, Caroline a commencé à remarquer à quel point elle l'était, avec un travail valorisant, un conjoint merveilleux et des enfants adorables. En portant son attention sur les aspects positifs de sa vie (voir le chapitre «La gratitude»), elle a commencé à l'apprécier davantage.

Il y a toujours autant de circulation le matin et le soir, mais elle en profite pour écouter de la musique qui lui plaît. Elle fait attention au langage intérieur qui la décourageait tant, car pester contre le trafic la mettait dans un état inutilement pitoyable. Après un grand ménage qui s'imposait, son auto est devenue un havre de paix, et non plus une prison ou une poubelle. C'est un détail, mais il vaut son pesant d'or!

L'équilibre n'est pas facile à atteindre et demeure toujours à négocier. On y arrive en faisant des changements graduels, en s'occupant mieux de soi et en prenant conscience que certaines pensées nuisent à notre bien-être. Comme il est absolument impossible d'augmenter le nombre d'heures dans une journée, il faut donc réaménager nos horaires de l'intérieur, définir nos goûts, revoir nos priorités et, bien sûr, apprendre à se faire plaisir le plus souvent possible.

Si cette jeune femme n'avait pas pris le temps de s'occuper d'elle d'abord, il y a fort à parier qu'elle n'aurait pas pu prendre soin longtemps de sa famille. Sa nouvelle confiance la rend maintenant sereine et joyeuse. Et la joie est tellement contagieuse!

Je veux plaire aux autres, c'est dans ma nature

Sylvie est une personne que tout le monde aime; elle sait et adore faire plaisir. Elle porte avec fierté le titre de «la plus généreuse amie du monde». Mais, avec le temps, elle est devenue dépendante de sa réputation et de la bonne opinion des autres. Malgré une certaine fatigue – car se donner constamment aux autres peut facilement drainer toute son énergie –, elle a redoublé d'effort afin que tout le monde continue de l'aimer. «Je trouve mon bonheur dans le bonheur des autres. C'est aussi simple que ça!» Jusqu'au jour où elle a craqué.

Une de ses très bonnes amies, à qui elle rendait mille et un services en toutes circonstances, a mis fin à leur relation de manière abrupte et sans explications. L'univers de Sylvie a alors basculé. Sa raison d'être s'était évanouie. Sa vie était en partie calquée sur celle de son amie. Elle a dû apprendre à se redécouvrir et à se réapproprier sa propre existence.

À vrai dire, il est assez facile de se reconnaître dans cette personne. Qui ne veut pas être aimé des autres? Faire plaisir aux autres est un but normal et louable. Cependant, la situation se corse quand ce besoin nous rend totalement dépendants et que nous sommes prêts à tout pour l'atteindre, à donner notre temps et notre énergie, à taire nos préférences, jusqu'à gâcher notre vie. S'oublier pour plaire aux autres et recevoir leur approbation, c'est de plus une excellente façon d'éviter la confrontation, de maintenir sa réputation de «bonne personne», de ne pas être rejeté et de se sentir en sécurité.

Le prix à payer pour être dépendants de la bonne opinion des autres est pourtant élevé, puisque à la longue nous perdons le respect de nous-mêmes. Nous ne reconnaissons plus nos goûts, nos désirs, nous laissons s'enfuir nos rêves. Bien que nous soyons très sensibles aux émotions des autres, nous le sommes très peu aux nôtres. Et bien que nous soyons très attentifs aux besoins des autres, ceux-ci ne le sont pas toujours autant en ce qui nous concerne.

C'est précisément ce qui est arrivé à Sylvie. Tellement dévouée, prête à tout pour son entourage, elle s'est totalement perdue dans cette dynamique. Au risque de paraître égoïste aux yeux des autres et aux siens, elle a dû revoir ces consignes élémentaires:

- Nommer les choses qui lui font plaisir et les mettre en application, à petites doses mais plusieurs fois par jour.

- Dire non quand elle pense non. Ce mot, absent depuis longtemps de son vocabulaire (voir le chapitre «Je ne peux pas dire non»), sera réintroduit progressivement.

- Arrêter de dire oui par habitude. Avant de prononcer ce mot, faire une courte pause, prendre une bonne respiration et utiliser une phrase de circonstance qui permettra de refuser élégamment une demande.

- Changer cette croyance qui veut que les gens l'aiment pour ce qu'elle fait, et non pour qui elle est. Elle devra répéter cette phrase dix fois par jour si nécessaire, jusqu'à ce qu'elle devienne familière.

- Se demander plusieurs fois par jour: «Comment je me sens maintenant?» juste pour se rappeler qu'elle est une personne importante avec des besoins et des émotions, comme tout le monde.

- Se répéter qu'il est impossible de plaire tout le temps à tout le monde. Les profiteurs s'éloigneront peu à peu s'ils ne trouvent plus d'intérêt dans une relation. Bon débarras!

Avec le temps, un petit pas à la fois, Sylvie a redéfini ses priorités. Elle a encore le goût d'aider les autres – elle l'aura toujours! –, mais pas au point de s'y perdre. Elle a su tracer une ligne claire entre la gentillesse et le désir absolu de plaire, d'être aimable pour ne pas déplaire. Même son vocabulaire a changé. Il y a beaucoup moins de «il faut que» et de «je devrais bien»; moins d'attentes aussi, parce qu'elle en avait évidemment beaucoup de cachées. Les autres devaient l'aimer, la remercier, lui être reconnaissants, l'approuver, lui dire à quel point elle était extraordinaire, l'encenser. Bref, lui faire sentir qu'elle était indispensable, ce qu'elle est toujours, il va sans dire, mais pour les bonnes raisons à présent. Des amis? Elle en a encore beaucoup, qui lui font plaisir et qui l'aident à l'occasion, dans une relation plus égalitaire cependant. En perdant son titre, elle a gagné l'estime et l'amitié de ceux qui comptent vraiment pour elle.

Je dois travailler tout le temps

Julien, un célibataire de 36 ans, est chirurgien. Il a choisi cette spécialité parce qu'il voulait sauver le monde. Il travaille dans trois établissements différents, où il fait de nombreuses heures de garde. Totalement fidèle au poste, il ne s'est jamais permis une seule journée de congé personnel ou de maladie. Comme il est affecté aux urgences, cela implique qu'il doit souvent opérer sous pression, gérer des cas complexes. Il va sans dire qu'avec le temps le travail s'est infiltré partout dans sa vie. Il pense à *ses* patients après le travail, le soir, la fin de semaine; et la nuit, il lui arrive aussi d'en rêver. Malgré ses succès et tous les éloges qu'il reçoit, il remet en question ses compétences, se demande régulièrement s'il a choisi la bonne spécialité: il doute de ses capacités. Il gère son stress en prenant un verre ou deux tous les soirs. Il est essoufflé, insatisfait, inquiet et, on s'en doute, plutôt solitaire.

Prendre du temps pour lui n'était absolument pas une option, encore moins une priorité. Comment un médecin qui veut sauver le monde peut-il une seule minute penser à s'occuper de lui? Voyons donc! Par contre, quand son malaise a peu à peu gagné du terrain, Julien a considérablement augmenté sa consommation d'alcool. Il s'est vite retrouvé sur une pente glissante avec peu ou pas d'emprise sur sa carrière et ses choix de vie. Il se disait que le travail prenait toute la place et que c'était une raison suffisante pour abdiquer son bonheur.

Il n'y avait aucun doute, ce chirurgien extrêmement dévoué avait à cœur le bien-être de ses patients. Cependant, il aurait souvent préféré être moins sensible et pouvoir, une fois sa journée de travail terminée, «se foutre» allègrement du sort de ses patients. Ce n'était pourtant pas le cas. Il ne pouvait mettre de côté cet aspect de lui, ce professionnalisme qui lui avait d'ailleurs valu son excellente réputation. Comment faire alors pour commencer à prendre soin de soi malgré une charge de travail très lourde et des horaires impossibles?

Une première réflexion s'imposait. Il devait prendre du temps et réfléchir à sa carrière. Voulait-il continuer à vivre à ce rythme, c'est-à-dire à travailler dans deux hôpitaux, avec les gardes inhérentes, ainsi que dans une clinique? Pouvait-il imaginer d'autres scénarios? C'est en se confiant à une collègue qui avait elle-même fait des changements professionnels importants quelques années auparavant qu'il a amorcé sa réflexion. Il a constaté qu'il était possible de continuer à être un médecin disponible et dévoué tout en ayant une vie qui lui conviendrait davantage et qui tiendrait compte de ses besoins propres.

Ensuite, il a dû se rendre à cette évidence: ce n'était pas en buvant qu'il réussirait le mieux à gérer sa fatigue et son stress. Sur le moment, peut-être se sentait-il mieux, mais à plus long terme, il était devenu morose et pessimiste, voire déprimé. Ce comportement autodestructeur ne l'aidait pas. Il devait trouver de nouveaux moyens pour augmenter son énergie après de longues heures de travail tout en diminuant efficacement son niveau d'adrénaline. Il avait déjà inscrit à l'horaire quelques présences au gymnase, ce qui était déjà excellent, sans toutefois être suffisant pour contrer le stress accumulé.

La pression sociale est très forte. Un médecin, c'est presque un dieu. Il doit tout le temps être en forme, jamais faible ni malade, bien sûr ! Après tout, un médecin se doit d'être solide et irréprochable. Disponible à tout le monde et en tout temps, il n'a aucunement le droit de s'occuper de lui. On peut d'ailleurs constater que les médecins, comme des cordonniers mal chaussés, consultent rarement pour eux-mêmes, qu'ils doivent se faire violence pour visiter leur dentiste, et ainsi de suite. Nous sommes alors très loin des petits plaisirs à inscrire à l'horaire de tous les jours. Culture oblige !

Mais en dépit de la pression sociale, des obligations et des responsabilités, les médecins sont avant tout des personnes ayant beaucoup de stress à gérer, avec un quotidien parfois agréable, parfois difficile, avec des inquiétudes, des émotions complexes, des situations familiales délicates, etc. Si tout baigne dans l'huile, nul besoin de changer quoi que ce soit, ni de s'occuper davantage de soi. Mais quand l'insatisfaction s'installe, qu'un collègue part en congé de maladie pour une période indéterminée, ou lorsqu'on se retrouve au bloc opératoire avec trois patients de son âge ayant reçu un très mauvais pronostic, la question ne peut plus être évitée : « Est-ce que je veux que le travail prenne toute la place dans ma vie au point d'y laisser ma santé moi aussi ? »

Je ne suis pas maître de mon agenda

« C'est bien certain que je n'ai pas le temps de m'occuper de moi! Voulez-vous regarder mon agenda? Vous allez tout comprendre », me dit-elle. Esther sort son agenda et l'ouvre au hasard. C'est une planification hebdomadaire impeccable. En effet, je constate très vite qu'il n'y a absolument aucun espace libre. Dès 7 h 30, il y a des déjeuners de travail; ensuite se multiplient les rendez-vous, les réunions de gestion, l'animation de groupes, toutes les heures de repas étant occupées par des rencontres. Il n'y a, entre les réunions, pratiquement pas de temps prévu pour les déplacements. À vrai dire, c'est essoufflant juste de regarder cet agenda à l'horaire si serré. « Ce n'est pas de ma faute, c'est comme ça, c'est un tourbillon qui ne s'arrête jamais. Mon agenda ne m'appartient pas. Je dois être disponible. »

Elle avait totalement raison. Son agenda était épouvantable, étouffant. À le feuilleter sur une période de deux ou trois semaines, il était bien clair que non seulement elle n'aurait jamais de temps pour s'occuper d'elle, mais qu'elle ne tiendrait pas le coup bien longtemps. Un changement s'imposait d'urgence. Sans nier les exigences du travail, de plus en plus grandes, ni minimiser l'ampleur de la tâche, il apparaît primordial de revoir notre organisation du travail. Car si nous ne contrôlons pas notre agenda, qui donc le fera ? C'est notre responsabilité individuelle d'accepter ou de refuser de travailler durant les heures de repas, moments précieux de détente et de ressourcement. Bien entendu, il est possible qu'à l'occasion nous devions empiéter sur ce temps sacré, mais vraiment à l'occasion ! Dans l'agenda d'Esther, cela se passait au quotidien. Modifier notre disponibilité alors que l'entourage a l'habitude de nous entendre dire oui à chaque requête, en utilisant la moindre plage horaire libre, n'est pas facile.

Lorsque nous devenons très stressés, toutes les raisons sont bonnes pour ne pas nous occuper de nous. Un horaire beaucoup trop chargé ne permettra pas de trouver du temps pour s'arrêter et pour penser un peu à soi. Il devient facile de saboter toute tentative de se recentrer sur ses propres besoins, de courir plus vite encore, d'augmenter la cadence jusqu'à ce que son corps ou son esprit cèdent sous la pression.

Le tourbillon ne s'arrêtera pas de lui-même, et Esther l'a bien compris en acceptant d'essayer une nouvelle façon d'utiliser son agenda.

• Nous avons inscrit certaines minutes de non-disponibilité, ou plutôt de disponibilité à soi. (Une minute deviendra éventuellement une heure, tout changement durable s'opérant en douceur.)

• Nous avons bloqué certaines heures de dîner ainsi que quelques petits-déjeuners. C'est un début ; à la longue, ces heures reprendront leur véritable fonction. L'heure du dîner servira à manger ainsi qu'à toute autre activité liée au plaisir – et autre que le travail.

- Nous avons inscrit des minutes de transition entre deux réunions, question d'avoir le temps d'aller aux toilettes, de respirer un peu, de prévoir les déplacements, etc.

- À l'occasion, nous avons écourté la journée de travail de 30 minutes, sachant que lorsque nous décidons de partir à une heure précise, par magie les priorités s'organisent.

- Nous avons examiné chacun des comités où sa présence était requise pour constater qu'au moins dans trois cas elle pourrait facilement déléguer.

- Et finalement, nous avons conclu que comme le vendredi était le début du week-end, le vendredi soir était alors sacré. Plus question de finir tard !

Ces quelques changements ont eu tout un effet. Au début, ce qui semblait le plus difficile était sans doute de dire non à une demande et de réajuster l'horaire en fonction des nouvelles priorités, mais rapidement, ma cliente a vu son énergie augmenter, son humeur s'améliorer et, en conséquence, son irritabilité diminuer considérablement. Avant d'entreprendre ces changements, Esther sentait que peu importe ce qu'elle faisait, ce n'était jamais assez : plus elle chargeait l'agenda, plus les gens auraient dû être heureux et reconnaissants, mais loin de là. Au contraire, on lui en demandait toujours plus.

La gestion de notre emploi du temps nous appartient. Évidemment, il y aura toujours des situations imprévues, des urgences, des «incontournables». Pourtant, dans l'ensemble, lorsqu'on apprend à tenir compte de soi dans son propre agenda, à en reprendre le contrôle, on en sort gagnant, revitalisé et certainement moins aigri. Personne n'a les pleins pouvoirs sur nous. C'est une question d'estime de soi, de savoir établir ses limites, de dire non à l'occasion et de se dire oui régulièrement !

Une fois son agenda redevenu normal ou viable, Esther s'est mise non plus à enlever, mais plutôt à y ajouter de petits plaisirs. Minuscules avec un effet inversement proportionnel, ceux-ci lui procurent le sentiment de s'appartenir et la rendent joyeuse. Même les fins de semaine sont maintenant préservées, à l'abri de son agenda autrefois si vorace.

Je n'ai pas l'habitude
de m'occuper de moi

« Je suis stressée, mais ce n'est pas de ma faute, c'est le travail. Vous savez, autrefois, on avait plus de temps tandis qu'aujourd'hui tout va tellement vite. On nous demande régulièrement de faire des heures supplémentaires et refuser serait très mal vu. Les gestionnaires nous en réclament toujours plus, surtout aux anciennes. Et puis, même si j'avais du temps libre, je ne saurais pas quoi en faire. Je n'ai pas l'habitude de m'occuper de moi et, à vrai dire, je me sens bien trop vieille pour commencer. »

Céline est infirmière dans un hôpital depuis 25 ans maintenant. C'est vrai qu'elle court au travail sans bon sens, et il n'y a aucun doute que ce rythme effréné la mine. Elle ne réalise cependant pas encore le danger. Comme la plupart d'entre nous, elle a d'excellentes raisons de différer son bien-être. Et le fait de ne pas avoir l'habitude de s'occuper d'elle n'a rien d'exceptionnel. La situation est même plutôt fréquente.

La grande majorité des gens qui ont entendu une clochette d'alarme, soit à cause d'une maladie ou d'un épuisement professionnel, soit à l'annonce du cancer d'un proche ou d'un décès prématuré, disent qu'avant l'événement ils n'avaient pas du tout l'habitude de s'occuper d'eux-mêmes. Lorsque le drame se produit, ils sentent enfin l'urgence d'apprendre à se choisir et de prendre soin d'eux. Bien sûr, quand on se sent invincible, que tout roule à vive allure et qu'on suit la cadence, on ne ressent pas le besoin de modifier quoi que ce soit. Pourtant, quand nous constatons que notre corps ne répond plus aussi docilement, que notre résistance au stress diminue, que notre temps de réaction n'est plus le même ou que notre humeur fluctue, bref, que nous nous sentons moins bien, nous devons opérer rapidement les changements qui s'imposent.

Il est certain que nous n'avons pas, au point de départ, le réflexe de prendre soin de nous. Compréhensifs et généreux envers les autres, nous sommes souvent sans égard pour nous-mêmes. Par amour, par principe, ou par besoin de valorisation, nous prenons un soin jaloux des personnes qui nous entourent. Notre précieuse famille et nos amis intimes ne sont-ils pas la prunelle de nos yeux? Notre principale raison de vivre? Pour Céline, une célibataire par vocation, ce sont ses patients à qui elle prodigue le meilleur d'elle-même. En fait, elle se perçoit comme entièrement au service des autres.

Le discours actuel de la psychologie nous affirme pourtant que nous sommes dignes d'affection, d'intérêt, de respect. Mais nous l'entendons sans en faire grand cas. Rien ne nous a préparés à nous placer au centre de notre vie. Le célèbre proverbe «charité bien ordonnée commence par soi-même» ne semble pas avoir d'écho ou de sens particulier pour nombre d'entre nous.

La métaphore bien connue de l'avion en difficulté illustre le mieux du monde à quel point il est essentiel de penser d'abord à soi avant de penser aux autres. En effet, dans le cas d'une dépressurisation de la cabine, les agents de bord nous prieront toujours d'appliquer le masque à oxygène sur notre propre visage avant de le mettre aux enfants ou aux personnes dont on a la responsabilité. Car si nous manquons d'air, comment ferons-nous pour assister ou protéger qui que ce soit? Alors, chaque fois que le remords nous tiraillera parce que nous prendrons du temps pour nous détendre, nous ressourcer ou juste nous faire plaisir, il nous faudra visualiser le masque à oxygène et respirer un bon coup. Avec un large sourire, naturellement.

On n'en a pas l'habitude? Peu importe! Il faut sans attendre se lancer!

Je manque
de discipline

René est fatigué sans raison apparente. «Les enfants sont grands, ils ont quitté la maison depuis quelques années, et le dernier termine ses études à l'extérieur de la ville. Je n'ai plus d'hypothèque sur la maison. Mon travail, le même depuis plusieurs années, me satisfait, même s'il ne présente plus de défis majeurs. Je me trouve très "confortable" dans ma routine bien établie. Ma vie est toute simple, et pourtant, quand vient le temps de faire des activités, je me sens toujours fatigué. Je manque probablement de discipline», me dit-il d'un ton à la fois las et gêné.

Après avoir reçu un excellent bilan de santé, René a constaté que rien de physiologique ne pouvait expliquer sa perpétuelle fatigue. Il s'est alors mis à la recherche d'une explication. Sa vie semblait terne et sans joie. Quand les enfants étaient plus jeunes, il était constamment occupé entre la patinoire, le terrain de soccer ou de football, et autres cours de flûte ou de guitare. Les multiples activités et déplacements meublaient une grande partie de ses soirées et de ses week-ends. Il avait à cette époque un groupe d'amis lié aux activités des enfants, en fait certains des parents qui se retrouvaient à l'aréna lors des joutes de hockey à boire un infect café !

Jusqu'à maintenant, il n'avait pas remarqué le vide laissé par le départ des enfants. Il avait bien trouvé de quoi s'occuper à l'occasion, mais rien ne l'intéressait très longtemps. Il avait beaucoup de temps libre, ce qui faisait l'envie de son entourage. Cependant, il ne savait tout simplement pas comment remettre du plaisir dans sa vie. Il n'était évidemment pas le seul papa de jeunes adultes à s'être perdu de vue au fil des ans, oubliant les choses qui l'intéressaient, lui faisaient plaisir et donnaient un sens à la vie. En cherchant des moyens de sortir de sa léthargie, René a d'abord dressé l'inventaire de ce qu'il aimait faire et qui le mettait de bonne humeur. Curieusement, le seul fait d'en parler lui redonnait de l'énergie. Puis, il a écrit pourquoi il ne pouvait plus entreprendre ces activités. En notant les raisons qui l'empêchaient de faire un plan et de le mettre en action, René a constaté que son supposé manque de discipline était lié au manque de motivation, lui-même lié à l'absence de projets passionnants. Nous avions enfin un point de départ !

Parce qu'il adorait participer aux activités des enfants, il avait été entraîneur pendant quelques années et arbitre au hockey durant plusieurs saisons. Ces bons souvenirs étaient une réelle source de motivation. Pourquoi ne pourrait-il pas reprendre cette forme d'engagement et donner de son temps à d'autres jeunes ? Pouvait-il le faire maintenant que ses enfants avaient quitté les ligues sportives ? Serait-il bien accueilli ? Il était certain qu'il devait faire un effort pour reprendre contact avec le milieu, mais le jeu en valait la chandelle.

René a préparé son plan. Après avoir retrouvé les coordonnées des diverses associations qu'il avait bien connues, il a pris son courage à deux mains. Le premier appel a été le plus difficile ; ensuite, tout s'est enchaîné rapidement. Il a renoué avec d'anciens amis qui l'ont accueilli avec joie. Ceux-ci l'ont inscrit à des sessions de mise à jour offertes aux entraîneurs, et il est redevenu, non sans fierté, le bon vieux *coach* d'autrefois. Ayant délaissé son sofa et ses innombrables émissions de télé, il retrouvait en compensation le délicieux café de l'aréna !

Curieusement, le nouvel entraîneur ne ressent plus l'immense fatigue qui le minait avant. Depuis qu'il a retrouvé sa passion, il comprend qu'il n'avait pas de problème de discipline, mais bien de motivation. Son bénévolat lui apporte aujourd'hui beaucoup plus qu'il ne l'aurait imaginé, et la joie qu'il éprouve se répercute dans l'ensemble de sa vie. Même sa femme se réjouit d'avoir un compagnon aussi agréable et enjoué !

***

Pour Olivier, un jeune célibataire, ce n'était pas du tout une question de passion. Il savait exactement ce qu'il aimait et qui lui faisait du bien. Cependant, il avouait : « Je n'ai tout simplement aucune discipline personnelle pour passer à l'action. Je suis totalement incapable de me motiver, surtout après une journée de travail. La seule chose à laquelle je pense, c'est de m'écraser devant la télé et de me laisser hypnotiser. Peu importe ce que je regarde, je me détends et ne désire rien d'autre à ce moment-là. »

Mais quand il fait le bilan des dernières années, il trouve cela moche d'avoir perdu la forme et d'être devenu aussi inactif qu'isolé. En fait, il a tout à fait raison dans son analyse, car s'occuper de soi et faire des choses qui nous font du bien demande une bonne dose de discipline. Ceux qui pratiquent une activité physique ou artistique de façon régulière en reconnaissent les grands bienfaits, mais savent également à quel point cela prend de la discipline les premiers temps. Il y a des jours où l'effort pèse davantage, où l'énergie n'y est pas. Par contre, une fois l'activité amorcée, aucun regret ne persiste. On en revient de meilleure humeur et très fier, réussissant momentanément à oublier les soucis du jour. Et puis, une fierté s'installe, ce qui nous encourage à poursuivre. On veut encore vivre ce sentiment de plénitude.

Entreprendre des activités après une journée de travail éreintante demande une bonne dose de discipline; cependant, nous en avons toujours en réserve quand il s'agit de promener le chien ou d'amener le bébé prendre un peu d'air pur. Il n'y a pas de débat intérieur pour savoir si cela nous tente ou pas. Afin que nous occuper de nous devienne aussi une seconde nature, il sera probablement nécessaire pour un certain temps d'inscrire à l'agenda l'activité choisie. Avec un peu de temps et de persévérance, celle-ci fera partie de notre routine de bien-être et ne sera bientôt plus une corvée. De plus, il deviendra vite impensable d'en être privés.

Alors, prêt ou pas prêt, j'y vais!

Je suis une personne perfectionniste

Frédéric est un homme perfectionniste. Chaque petit détail est d'une importance capitale pour lui. Rien n'est laissé au hasard, et ce, tant au bureau qu'à la maison. D'ailleurs, sa conjointe le taquine depuis des années à ce sujet, en le traitant de maniaque ou encore d'obsessif compulsif! En fait, elle n'est pas si loin de la vérité, car son mari est très rarement satisfait à cent pour cent d'un travail, même après y avoir consacré plusieurs heures. Il passe et repasse ses dossiers dans sa tête, que ce soit dans la voiture, à l'épicerie ou sur l'oreiller. Le problème, c'est que les délais pour rédiger les rapports au bureau sont de plus en plus courts et que le résultat peut difficilement être le même qu'avant. Pourtant, Frédéric refuse d'ajuster ses standards personnels.

« C'est dans ma nature. Que voulez-vous, je n'y peux rien ! » À vrai dire, être perfectionniste a ses bons côtés, et Frédéric a longtemps considéré le perfectionnisme comme l'un de ses points forts. Il se revoit en entrevue. Lorsqu'on lui posait une question sur ses qualités, il affirmait fièrement être perfectionniste. Il se définit toujours comme persévérant, méthodique, minutieux et organisé. Il ne compte pas son temps ni ses efforts, et son travail est très bien fait. C'est une personne très consciencieuse, et la direction n'avait aucun reproche à lui faire jusqu'à tout récemment...

Les dernières années ont été particulièrement difficiles pour lui. Sa charge de travail a augmenté considérablement. La nouvelle direction a établi des standards très élevés, mais en réalité très différents des siens. Le rythme de production s'est accéléré à un point tel qu'il a commencé à accumuler des retards. En cherchant à tout prix à être parfait et à plaire à ses supérieurs, il se critiquait sévèrement et cherchait constamment leur approbation. Le fait d'accuser certains retards le rendait anxieux et, avec le temps, il s'est complètement vidé psychologiquement. Il a pris un premier congé de maladie pour se remettre en forme, puis un deuxième, sans arriver à remonter la côte.

Chaque retour au travail le plongeait dans ce dilemme du «sans faute». Son besoin de perfection le rongeait. Il voyait bien que ses collègues en faisaient beaucoup moins que lui tout en étant aussi appréciés, sinon plus, et que toutes les heures travaillées au bureau ou ailleurs ne lui permettaient toujours pas de maintenir la cadence ni de se remettre à flot. Il n'était plus à la hauteur et il souffrait. Il a dû s'avouer qu'il ne ressentait jamais de plaisir, ni au travail ni hors du travail. Sa vie était sans joie.

Un examen en profondeur s'imposait, une réflexion guidée en six étapes:

Première étape. Constater comment le perfectionnisme, une grande force, s'est métamorphosé en obstacle à l'action.

Deuxième étape. Répondre à certaines questions.

- Faut-il vraiment que je réussisse tout ? Quel est ce « tout » ?
- Et par rapport à qui ?
- Où est-ce écrit que je dois être parfait ?
- Est-ce qu'il y a une loi qui m'oblige à être parfait ?
- D'où me vient cette exigence envers moi-même ?
- Qui est mon critique intérieur ? Est-ce vraiment moi ? Est-ce un parent, un professeur, une figure d'autorité ?

Troisième étape. Pratiquer l'imperfection.

Nous avons commencé par cerner un domaine où Frédéric pouvait se permettre de ne pas être parfait, et nous en avons observé les conséquences. Puis, nous avons continué jusqu'à ce qu'il constate qu'il n'y avait pas eu de drame et qu'au contraire sa vie s'en portait mieux. Au début de cet exercice, Frédéric n'était pas du tout réceptif parce qu'il se répétait : « Ce qui mérite d'être fait mérite d'être bien fait. » Ce qui demeure vrai si et seulement si aucun comportement obsessionnel n'est en cause.

Quatrième étape. Prendre du recul.

Nous avons instauré des pauses, parce qu'il ne s'arrêtait jamais, et un horaire de travail raisonnable, parce qu'il travaillait un nombre d'heures exagéré sans être pour autant plus productif. Cet encadrement dans le temps l'a obligé à établir des priorités et à déléguer. Un sentiment de confort a commencé à s'installer.

Cinquième étape. Arrêter de toujours recommencer.

Comme Frédéric avait pris l'habitude de tout réviser sans cesse, il passait un temps fou à refaire, à corriger, à modifier, à embellir un texte. Il s'occupait tellement des détails qu'à vrai dire personne ne remarquait sa pseudo-perfection. Nous avons décidé de couper dans ces interminables révisions.

À sa grande surprise, il gagnait beaucoup de temps et ses rapports étaient aussi bien reçus.

Sixième et dernière étape. S'interroger sur le besoin d'obtenir 100 % partout et accepter que, parfois, 90 %, 80 % ou même 70 % sont acceptables.

* * *

Il s'avère que le désir de perfection peut être présent à tout âge, tant chez les enfants et les adolescents que chez les adultes.

> Karine a 16 ans. Elle est étudiante dans un collège international, où les exigences sont très élevées, les devoirs nombreux, les travaux de session laborieux. Puis, juste avant la fin de l'année scolaire, elle fait une tentative de suicide. Après une courte hospitalisation, un lavage gastrique et une consultation en psychiatrie, elle est de retour à l'école. Il ne lui reste que quelques semaines avant la période d'examens, et dans son esprit, elle a perdu un temps impossible à rattraper.

Lors de notre première rencontre, le problème majeur qu'elle a cerné est sans contredit le besoin de performer. Tout doit être absolument parfait. Une note inférieure à 93 % est catastrophique selon ses standards. Elle manque de temps pour faire ses travaux, pour étudier. Elle est sûre de ne pas réussir. « Trop c'est trop ! J'aurais mieux fait d'en finir, je ne suis plus capable de continuer ! »

Vraiment prise au piège du « tout ou rien », elle a dû faire un arrêt pour se reconnecter avec la réalité. Nous avons expérimenté sensiblement les mêmes exercices décrits précédemment et travaillé à remettre du plaisir dans sa vie. Trouver du temps pour sortir avec ses amis, faire des activités juste pour elle, de petits plaisirs à incorporer dans sa vie de tous les jours, question de diminuer son niveau de stress.

En quoi une note de 93 % était-elle nécessaire à son bonheur, alors qu'aucune note n'apparaissait au bulletin ? C'était un standard personnel, tout simplement. Déjà, en diminuant ses propres exigences, elle s'enlevait un poids des épaules. Elle a traversé la période d'examens avec succès. Ce n'était plus la perfection, mais elle était fière de ses efforts.

Je ne peux pas dire non

Lizette est une travailleuse acharnée. Peu exubérante, elle est à son affaire et demeure plutôt discrète. Elle dit toujours son « oui, pas de problème ! ». On peut compter sur elle, peu importe la situation. Par contre, certains pourraient être tentés de profiter d'elle, car c'est une très bonne personne. Même si ce qu'on lui demande est de plus en plus difficile, que les conditions dans lesquelles elle travaille sont exécrables, qu'elle se demande intérieurement comment elle fera pour y arriver et que sa petite voix intérieure l'implore de dire « noooooooon ! », elle ne bronche pas, courbe l'échine, fait ce qu'on lui demande, et finit toujours par dire oui.

Dire oui quand on a envie de dire non comporte une part de violence envers soi. Mais pourquoi est-ce si difficile de dire non, un petit mot ayant de si grandes implications ?

Les raisons de fuir le non sont nombreuses. En voici quelques-unes.

La peur de décevoir. Nous voulons tellement que les autres nous aiment. Nous souhaitons rendre service et nous avons peur de décevoir notre entourage familial, nos amis, nos collègues, ou encore nos patrons. Que ce soit par politesse ou par timidité, ou à cause de notre éducation, le résultat demeure le même, puisque nous sommes incapables de nous affirmer.

La peur de l'autorité. Sans vouloir faire une grande analyse psychologique, nous avons tous entendu parler de la phase du non. Autour de l'âge de deux ans, l'enfant s'affirme en s'opposant systématiquement à tout, ce qui l'aide à construire sa personnalité. Si cette phase a été contrariée ou mal vécue, le petit apprendra rapidement à se conformer et à dire oui parce que c'est ce qu'on attend de lui. Il aura peur de perdre l'amour, la confiance, l'amitié, le respect. Alors, quand un patron demande quelque chose, certaines personnes ont plus de difficulté à refuser, même si c'est justifié, et ce, parce que cela leur rappelle l'autorité parentale.

La peur de la confrontation. Il est beaucoup plus facile de dire oui et d'acheter ainsi la paix. À force de tout accepter et de céder aux demandes répétitives, nous finissons par nous perdre, nous ne nous appartenons plus. Alors, quand vient le temps de déterminer les choses qui nous font vraiment plaisir afin de mieux gérer notre stress, cela devient presque mission impossible.

La peur de perdre son emploi. Nous croyons à tort que refuser une demande provenant d'un patron nous fera perdre notre emploi. Cette peur peut nous paralyser; refuser de prendre un nouveau dossier ou un autre mandat nous fera passer – dans notre tête, bien sûr – pour un fainéant ou pour quelqu'un qui n'est pas à la hauteur, et on nous montrera la porte sous peu. Mieux vaut dire oui de façon mécanique, quitte à y laisser bientôt notre santé !

La peur de ne pas être aimé. En résumé, toutes les raisons valables que nous avons de dire oui, alors que nous ressentons l'urgence intérieure de dire non, peuvent se résumer à notre besoin d'être aimés. Nous ne voulons pas blesser les autres, nous voulons rendre service, nous voulons être disponibles, nous voulons être appréciés.

***

Hughes est au début de la trentaine. Il est très actif, avec un vaste réseau social et une carrière en pleine ascension. Habile de ses mains, il reçoit souvent des demandes de connaissances et d'amis pour qu'il les aide dans leurs travaux de construction ou de rénovation. Sa vie est un feu roulant. Ses soirées et ses fins de semaine sont occupées à cent pour cent, presque autant que ses horaires de travail. Il lui reste bien peu de temps pour lui, mais il aime se sentir disponible et dévoué à son entourage.

Les avantages de dire non sont nombreux aussi. En voici quelques-uns.

Le gain de temps. En libérant notre horaire occasionnellement, nous récupérons du temps. Refuser d'aller à la fête d'anniversaire de l'ami d'un ami qu'on connaît à peine, quand cela ne nous tente franchement pas, ne fera pas de nous un rabat-joie ni un égoïste. Notre absence ne sera probablement même pas remarquée dans l'effervescence de l'événement, et nous gagnerons ainsi une soirée !

L'affirmation de soi. Dire simplement nos préférences permet aux autres de nous connaître et de nous respecter. S'affirmer ne veut pas dire devenir agressif et se mettre tout le monde à dos ; cela veut dire qu'on est capable d'établir ses limites, de les respecter et de les faire respecter. En refusant ce qui ne nous convient pas, nous nous sentons plus en contrôle de notre temps, ce qui nous donne un plus grand sentiment de satisfaction.

L'amour de soi. Dire non à l'occasion permet de nous réconcilier avec nos goûts, nos intérêts, nos rêves, nos petits plaisirs. Quand nous retrouvons notre essence, l'harmonie s'installe. Nous sommes alors moins enclins à ruminer, à en vouloir secrètement aux autres, à les accuser de voler notre temps. Nous prenons davantage la responsabilité de nos choix, et l'amour de nous-mêmes augmente en proportion.

Ne pas savoir dire non est un véritable handicap. Voici donc quelques trucs pour nous aider à surmonter celui-ci.

- Reconnaître notre difficulté à dire non ainsi que nos motivations. C'est un premier pas vers le changement.

- Choisir ses non. Inutile de commencer à dire non à toutes les requêtes, à moins de vouloir passer pour des êtres négatifs. Notre entourage ne comprendrait pas ce changement draconien et nous risquerions d'y perdre des plumes. Il est important de choisir comment nous allons commencer à nous affirmer. Il y a des situations où il sera plus facile de refuser une demande ; les reconnaître sera très utile.

- Prononcer le non avec conviction, respectueusement et de façon non agressive ; notre interlocuteur ne se sentira ni attaqué ni jugé. Ce mot est complet en soi, nul besoin d'expliquer, de justifier et de trouver mille et une façons de le dire.

- Adopter des formules toutes faites. Cela peut s'avérer utile lorsque nous sommes pris de court, par exemple : « Non, je suis désolé, il m'est impossible d'ajouter cette tâche à mon horaire » ; « Merci pour l'invitation, mais je préfère me reposer ce soir » ; « Je ne peux pas aller à cette réunion, je suis déjà débordé » ; ou encore « Je veux

prendre du temps pour m'occuper de moi en fin de semaine».

- Proposer une solution de rechange avec une formule
comme «non... mais». «Non, je ne peux pas cette fin de
semaine-ci, mais je serais disponible dans quelques
jours.»

- Prendre son temps pour donner une réponse. C'est une
stratégie qui s'avère efficace, surtout quand on est en-
clin à accepter sur-le-champ. On dirait parfois que le
oui sort tout seul. On peut à l'occasion demander un
temps de réflexion à notre interlocuteur: «Je vais y réfléchir.» Il est parfois opportun de peser le pour et le
contre d'une décision, histoire de vérifier qu'elle ne va
pas à l'encontre de ses besoins. Cela permet également
à l'autre de constater que «l'affaire n'est pas dans le
sac».

- Adopter le bon ton. C'est essentiel. Pour qu'un non soit
acceptable et permette l'ouverture, nous devons rester
calmes, posés. La diplomatie est notre meilleure alliée.

Dire non demande de l'entraînement. Petit non deviendra grand! Lorsque enfin nous comprenons que les gens
nous aiment d'abord pour qui nous sommes plutôt que
pour ce que nous faisons, il devient plus facile d'effectuer ce
changement. Comme toujours, l'estime de soi est au cœur
de toutes les relations interpersonnelles.

Je me sens invincible

Tout allait vraiment bien pour Antoine. Après de longues études, il avait trouvé un emploi à la hauteur de ses attentes. Il travaillait énormément, mais cela ne le dérangeait pas du tout. Il vivait seul et avait beaucoup de disponibilité. À l'occasion, ses collègues lui conseillaient de ralentir un peu. Mais pourquoi aurait-il dû changer de rythme, puisqu'il avait un surplus d'énergie et une excellente santé, qu'il s'alimentait bien et qu'il faisait de l'exercice régulièrement? Et comme il n'avait ni femme ni enfant, aucun souci domestique ne venait compliquer sa vie! Il se sentait fort, libre, presque invincible. Puis, un compagnon de travail avec qui il s'était davantage lié d'amitié a été foudroyé par une crise cardiaque mortelle. Rien n'avait annoncé ce drame. Il était à peine plus âgé que lui, avec un profil personnel et professionnel identique au sien. Le choc a été indescriptible.

Ce jour-là, la vie d'Antoine a basculé. Il est devenu vulnérable, inquiet. « Pourquoi lui? Pourquoi pas moi? » se répétait-il sans cesse. Ces questions le hantaient sans qu'il puisse leur trouver de réponse. Par contre, d'autres interrogations, cette fois plus existentielles, ont peu à peu fait surface dans son esprit: «Si j'avais un diagnostic grave, s'il n'y avait pas de demain, est-ce que je serais satisfait de ma vie?»

Après de longs mois, la douleur du deuil s'est estompée. Et même si le rythme fou du travail a vite rattrapé Antoine, les questionnements sur sa propre vie se sont encore intensifiés. Était-il vraiment heureux dans la vie qu'il avait choisie? Pas réellement, et sa réponse l'inquiétait. Il a poursuivi sa réflexion. Son travail l'avait toujours comblé. Par surcroît, il avait de bonnes conditions d'exercice, un excellent salaire, un emploi stimulant rempli de défis et, en prime, la reconnaissance de ses pairs et de ses supérieurs. Cet aspect de sa vie allait donc très bien, mais il a constaté qu'il n'avait de temps ni pour les amis ni pour la famille, et encore moins pour une relation amoureuse. Ses activités de loisirs se résumaient à son entraînement régulier au gym et à un peu de télé en soirée.

Avant le décès de son ami, il se sentait invincible, rien ne lui faisait peur. Il carburait alors aux défis, aux longs horaires, à l'adrénaline et... à la caféine. Il disait haut et fort que parce qu'il était seul, il avait plus de temps pour s'occuper de lui et que sa vie était parfaite comme cela. Maintenant, il n'était plus si certain, le doute s'était installé. Il se sentait plus vulnérable et ne croyait plus que sa vie était aussi équilibrée qu'il l'avait laissé entendre.

Reprendre contact avec lui-même n'a pas été facile, se demander ce qui lui faisait plaisir non plus. La liste était évidemment longue quand on parlait travail, mais pour tout le reste, la tâche devenait plus ardue: se demander ce qui était important dans la vie, faire le ménage dans ses valeurs et ses croyances, mettre de l'ordre dans ses priorités. Le travail demeurera toujours important, cela ne fait aucun doute, et c'est correct ainsi. Il a toutefois choisi d'incorporer à son agenda personnel des activités qui lui font plaisir, comme l'équitation, un de ses rêves les plus anciens. Il a réussi à trouver une écurie à quelques kilomètres de chez lui, qui offre la pension à Kali, le magnifique cheval alezan qu'il vient d'acheter. Il le monte le plus souvent possible. Et les soins à sa bête, même s'ils sont exigeants, lui permettent de décrocher instantanément du boulot. D'une part, le rituel de chaque visite l'oblige à ralentir et, d'autre part, la relation avec Kali lui permet de vivre ses émotions, ce qui est totalement nouveau pour lui. Ce cheval est une nouvelle passion dans laquelle il doit s'investir à fond.

Antoine me disait récemment que ce qui l'avait enfin décidé à passer à l'action venait de la petite phrase suivante : «Si demain était ta dernière journée, serais-tu heureux de ta vie?»

J'ai peur d'avoir du temps libre

Ce jour-là, Louis est malade. Une virulente grippe intestinale. De toute évidence, il devrait rester à la maison et se soigner, mais il doit se rendre à une importante réunion avec son patron et un collègue. Une dose de médicament devrait faire l'affaire...

En l'accueillant, son patron observe son teint verdâtre. Il lui ordonne de retourner illico à la maison, d'abord parce qu'il ne veut pas être contaminé et puis parce que l'autre participant à la réunion vient tout juste de se désister. Louis a donc la bénédiction de son patron. Pourtant, même si la journée s'est miraculeusement libérée et que rien d'urgent ne le retient au bureau, il décide de rester au travail pour mettre à jour quelques dossiers et, il l'espère, en préparer de nouveaux. Il rentre chez lui à l'heure habituelle, comme si de rien n'était. Il est cependant souffrant et totalement épuisé, et il fait maintenant de la fièvre. La soirée s'annonce difficile.

Pourquoi cet employé « modèle » a-t-il décidé de rester au bureau? On peut affirmer en général que le travail est valorisant et qu'il donne un sentiment d'accomplissement, et ce, malgré des conditions d'exercice parfois astreignantes. La plupart des gens aiment leur travail. Mais lorsqu'il prend toute la place, qu'il devient une fuite ou qu'il est notre principale ou unique source de valorisation, c'est peut-être le moment ou jamais de nous interroger. Pourquoi nous refusons-nous le moindre temps libre? Qu'est-ce qui nous inquiète ou qui nous fait peur à l'idée d'avoir du temps libre? Culpabilité, sentiment de vide ou d'inutilité?

Nous souhaitons tous avoir du temps libre, nous en rêvons même. Par contre, quand il nous arrive soudain d'en avoir, nous sommes parfois saisis et paralysés, et nous perdons tous nos moyens. Nous avons tellement l'habitude d'être en action que de nous retrouver avec un trou à l'agenda, sans activités ni obligations, peut carrément devenir paniquant.

Sans plan, seuls avec nous-mêmes, comment allons-nous bien pouvoir nous occuper? Est-ce que nos pensées seront réconfortantes ou dérangeantes? Est-ce que nous nous sentirons calmes ou plutôt anxieux? Allons-nous perdre notre précieux temps? Et il se peut que nous nous ennuyions. Puis, il y a tellement de choses à faire que ne rien faire ne semble pas une option.

Le travail implique des tâches, une structure, de l'action, des résultats et, parce que nous connaissons bien nos routines, de la sécurité. Nous retrouver sans préavis avec une demi-journée ou toute une journée devant nous peut facilement nous insécuriser, nous faire peur.

Reconnaître ses besoins et s'occuper de soi est vraiment une façon de vivre. Cela demande de l'entraînement. Bien sûr, il semble évident lorsqu'on est malade qu'on doit rester chez soi à se reposer et à se soigner. Pour certains, cela ne va malheureusement pas toujours de soi. Dans sa situation, Louis avait toutes les raisons de retourner à la maison.

Malgré tout, il a choisi de rester au travail, peut-être justement parce que la seule idée d'avoir du temps libre sans la famille, les enfants et une liste des mille et une tâches à faire le déroutait au plus haut point. Malgré une sérieuse indisposition, travailler lui a alors semblé la meilleure solution. Au moins, il n'aura pas perdu sa journée.

La peur du temps libre est très réelle, mais elle s'apprivoise. Lorsqu'elle est guérie, on rêve de ne plus jamais manquer de ce merveilleux temps libre. On réalise aussi que l'alternance des rythmes entre travail et loisirs maintient notre enthousiasme. Un équilibre, encore parfois difficile à négocier, peut s'installer pour favoriser une belle qualité de vie.

Louis se moque à présent de l'époque où un rendez-vous annulé était immédiatement remplacé par plusieurs tâches. Il a encore de la difficulté à gérer les trous à l'agenda, mais il commence à savoir quoi faire de son temps libre. Il se laisse chaque jour un peu de place pour expérimenter des activités de loisirs. Le midi, il aime bien marcher et faire un peu de recherche sur Internet. Enfin quelque chose qu'il choisit et fait seulement pour son bon plaisir, en toute liberté! Et il sait maintenant à quoi sert sa banque de congés de maladie!

Je suis moins important que les autres

Geneviève a deux jeunes enfants et, comme toutes les jeunes mamans, elle court constamment. Son conjoint l'informe un samedi matin qu'il ira jouer au golf avec des amis. Vraisemblablement, la réaction de Geneviève sera remplie de frustration: «C'est ça, on a plein de choses à faire, et monsieur s'en va! Et moi, je serai obligée de tout faire seule, comme d'habitude!» Ou bien sa réaction pourrait être imprégnée de résignation: «D'accord, vas-y, ce n'est pas grave. Tu es tellement fatigué, ça te fera du bien! Je suis exténuée, mais ça n'a pas d'importance. Je vais y arriver toute seule.»

Même si les autres sont très importants, nous le sommes tout autant. Lorsque nous nous occupons bien de nous-mêmes, nous ne voyons pas d'objections à ce que les autres aussi prennent du temps pour eux. Accuser l'autre parce que nous n'avons pas le temps de nous occuper de nous, c'est lui jeter le blâme sans reconnaître notre part de responsabilité. En effet, prendre soin de nous est une décision qui nous appartient en propre.

Rien ne nous a préparés à nous placer au centre de notre vie. Nos valeurs altruistes et notre sacro-sainte peur de devenir égoïstes nous ont façonnés à un point tel que nous nous perdons dans la relation d'aide et que nous confondons nos besoins avec ceux des autres.

Indifférents à nous-mêmes, nous nous comparons toujours à ces pauvres gens dont les besoins sont plus criants que les nôtres. Et au petit jeu de la comparaison, nous sortons souvent gagnants... mais à court terme seulement. Il est vrai qu'il y a de la souffrance partout, mais devons-nous pour cela embrasser toutes les causes? Ne jamais rien réclamer, ne jamais nous plaindre?

Nous traitons les autres de la même manière que nous nous traitons. Au cœur même de cette raison de bouder notre plaisir se loge l'estime de soi. Si nous croyons profondément que les autres sont de la plus haute importance et que nous, comme individus, sommes au bas dans l'échelle des priorités, nous devons chercher à comprendre le pourquoi de cette croyance. Serions-nous atteints du «syndrome du bretzel»?

Voici quelques questions pour nous aider à voir à quel point nous sommes atteints.

- M'arrive-t-il de me sentir épuisé à force de m'occuper des autres?

- M'arrive-t-il d'être au-devant des besoins des autres, c'est-à-dire d'offrir mes services avant même qu'on me le demande?

- Est-ce que j'éprouve beaucoup de frustration lorsque je ne me sens pas apprécié à ma juste valeur, que l'on ne reconnaît pas tout ce que je fais?

- Est-ce que je me plains souvent d'être obligé de m'occuper des autres?

- M'arrive-t-il de penser que si je ne m'occupais pas des autres, ma vie n'aurait aucun sens, que ce serait le vide en moi et autour de moi?

- M'arrive-t-il de penser ou de dire que si les autres sont bien, je le suis moi aussi, et cela, même au détriment de mes propres rêves?

- Est-ce que je crois être la seule personne qui aide aussi bien que je le fais? Et que les personnes aidées ne pourraient pas fonctionner sans moi?

Si nous avons répondu oui à ne serait-ce qu'une de ces questions, nous sommes déjà sûrement atteints du fameux syndrome. Nos intentions sont sans aucun doute louables et nobles, mais le jeu en vaut-il la chandelle? Quand on s'oublie tout le temps, un sentiment d'injustice ou de frustration pointe parfois à l'horizon. Permettons-lui d'émerger avant de faire naufrage et de couler à pic avec tout notre équipage! Pour prévenir cette détresse, notre premier devoir consiste donc à nous occuper de nous-mêmes, à nous «mêler» enfin de nos propres affaires, à cultiver notre jardin, à nous intéresser à nos projets, en somme à développer de nouveaux réflexes d'affirmation et d'autoprotection. Cette prise de conscience nous amènera à nous percevoir de façon différente et à reconstruire notre pensée dans l'amour de soi, une sorte de passage obligé vers les autres.

Malgré la multitude de choses à faire, si Geneviève se reconnaît le droit et même le devoir de prendre du temps pour elle, de faire des activités qui lui font plaisir, elle aura probablement une réaction bienveillante et sera heureuse des projets de loisirs de son conjoint. Et lorsqu'il y aura une tâche particulière à accomplir, ils décideront ensemble du meilleur temps pour l'exécuter afin que tous les deux puissent profiter de leurs précieux moments de détente et de ressourcement.

Au lieu de voir le film qui plaira à notre conjoint ou de choisir le restaurant de prédilection de nos enfants, décidons à l'occasion en pensant à nous. Notre compagnon adorera peut-être une comédie romantique, et les enfants découvriront avec bonheur la cuisine asiatique! De plus, faire les choses autrement nous sortira de la routine en donnant libre cours à nos envies et à notre créativité.

Maman a des goûts, elle aussi. Et cela la rend joyeuse de décider!

DEUXIÈME PARTIE

Le *listmaking*

Maintenant que nous sommes tout à fait convaincus de l'extrême importance d'introduire du plaisir dans notre vie, notre sentiment d'impuissance n'en est pas moins grand. Comment donc reconnaître ce qui nous fait vraiment plaisir? Et, surtout, comment cultiver le plaisir dans notre vie de tous les jours?

Même s'il existe de très nombreux moyens pour arriver à nos buts, le tout premier à adopter est sans conteste le *listmaking*. Celui-ci nous facilitera grandement la tâche quand il s'agira de déterminer nos goûts et nos préférences, ainsi que de choisir nos activités de prédilection. Cet outil efficace nous permettra d'accéder sans délai au plaisir, tout comme à la joie et à la détente qui en découleront. Et puisque nous avons l'habitude de faire des listes de toutes sortes, l'effort nous semblera minime par rapport aux avantages évidents que nous en retirerons. Le *listmaking* nous permettra d'accéder le plus rapidement possible à un grand choix de petits et de grands plaisirs. Dans un moment de stress ou de lassitude, nous pourrons nous connecter vite fait à ce qui nous procure du bien-être, nous stimule ou nous réconforte. Peu importe le lieu, le moment et le temps dont nous disposerons, nos listes seront toujours prêtes pour nous.

Il ne s'agit cependant pas de faire des listes à l'aveuglette, car elles doivent toujours être centrées sur nous-mêmes et sur nos besoins. Nous privilégierons deux thèmes pour leur création. Le premier sera inspiré de nos cinq sens, car leur exploration s'avère fructueuse pour déterminer ce qui nous fait vraiment plaisir. Le deuxième sera modulé par le facteur temps. Les activités que nous y inscrirons, toujours choisies selon nos goûts, tiendront cette fois compte du temps dont nous disposons à l'agenda, que ce soit 1, 5, 15 minutes ou beaucoup plus. Et là encore, on pourra accéder quasi instantanément au plaisir pour en ressentir les effets positifs.

Les cinq sens (ou plus) à l'œuvre

Afin d'enrichir sa liste de petits plaisirs, il suffit de se remémorer son enfance. Car ce qu'on aimait enfant, il y a de fortes chances qu'on l'aime encore devenu adulte. Rien n'égale l'exploration par les sens pour réaliser un retour aux sources du plaisir et pour redécouvrir ce qui fera vibrer le corps et l'âme de chacun.

En plus des cinq sens reconnus, nous pouvons également choisir d'en mettre d'autres à profit, comme des cordes supplémentaires à notre arc. Le sens de l'humour, le sens de l'aventure et le sens de l'intuition peuvent en effet nous permettre de cerner plusieurs nouveaux objets de plaisir.

Nous oublions trop souvent l'effet bénéfique de l'humour dans notre vie. L'humour qui dédramatise, déclenche le rire bénéfique, aide à prendre de la distance, nous garde enjoués. Et tout comme nos cinq sens traditionnels, il est accessible en tout temps et en tout lieu. Il s'agit de l'utiliser le plus possible.

Quant au sens de l'aventure, souvent enfoui dans l'effervescence du quotidien, il introduit du piquant, de l'énergie et de la fantaisie dans notre vie. Il permet également de changer de perspective et de se dépasser. Pour aiguiser notre sens de l'aventure, tous les prétextes sont bons : un détour sur notre route, un petit voyage, une escapade, une activité sportive ou artistique nouvelle, etc. À la limite, avoir le même agenda et les mêmes activités tout en les agençant différemment. S'ouvrir, rompre la monotonie, devenir à l'occasion quelqu'un d'autre, en fait soi mais en plus intense.

Portons finalement notre regard sur l'intuition, une forme de connaissance tout à fait exceptionnelle, souvent nommée le sixième sens. Toujours fidèle, il nous accompagne partout et nous fournit des renseignements précieux sur ce qui est bon pour nous. Écoutons davantage cette petite voix intérieure qui nous révèle à nous-mêmes, nous guide, nous aide à découvrir l'essence du plaisir.

Les sens sont nos antennes pour décoder le monde et y prendre la meilleure des places, la nôtre.

L'ouïe

Rares sont les moments de silence dans une journée. Les bruits sont parfois ahurissants et agressants, même s'il y en a tellement de doux, d'apaisants, d'agréables. Il faut porter attention à ces derniers et se laisser bercer. En voici quelques-uns :

- le silence ;
- l'enfant qui babille ;
- le crépitement du feu ;
- les bruits de la nature lors d'une balade en forêt ;
- les pas dans la neige par une froide soirée d'hiver ;
- la musique ou les paroles d'une chanson préférée ;

- un air chanté à tue-tête ;
- un morceau joué au piano, à la guitare ;
- la rondelle de hockey sur la bande, la lame des patins sur la glace ;
- la foule enjouée à la partie de soccer des enfants.

L'odorat

Partout, tout le temps, les odeurs valsent et se dégagent dans l'air que nous respirons. Toutefois, rares sont les moments que nous prenons pour réellement sentir. C'est un exercice simple et accessible à toute heure. Il faut simplement se mettre en mode odorat, peut-être notre sens le plus ancien, et humer à pleins poumons :

- le premier café de la journée, le bacon, les rôties ;
- le parfum des fleurs, lilas, muguet, lavande, que l'on peut couper ;
- les vêtements propres séchés à l'air frais sentant bon l'ozone ;
- la sauce à spaghetti qui mijote ou la tarte aux pommes, ou encore l'odeur d'une pâtisserie tout juste sortie du four ;
- l'odeur de l'herbe fraîchement coupée ;
- la pluie d'automne ;
- l'air pur en hiver, juste avant la neige ;
- la peau d'un bébé ;
- le parfum de notre conjoint ;
- les odeurs qui rappellent le voyage comme celles de l'encens, des épices, de la crème solaire.

La vue

Pas moins de 75 % de ce que nous percevons de notre environnement nous est communiqué par la vue. Nos yeux nous permettent de voyager dans l'espace et de «toucher» des choses hors de notre portée. Certaines images de guerre et des publicités peuvent nous abrutir, mais portons plutôt notre regard sur toutes ces belles choses qui nous entourent. En voici quelques-unes:

- la rosée dans le jardin, une goutte de pluie ou un flocon de neige;
- une portée de chiots ou de chatons;
- une œuvre d'art;
- le paysage, quel qu'il soit;
- le vent dans les feuilles;
- le ciel étoilé ou la pleine lune;
- la beauté d'un plan d'eau, un lac, une rivière ou la mer;
- un album de photos qui nous rappelle de bons moments;
- une collection d'objets;
- une belle table pour un souper entre amis.

Le toucher

Même si on peut passer des heures et des jours sans toucher quiconque ni être touché, ce sens demeure le plus apaisant des cinq. On n'a qu'à penser aux nourrissons qui en ont autant besoin que de lait. Pour être réconforté ou juste pour éprouver du bien-être, on peut faire un de ces gestes ou en découvrir tant d'autres:

- serrer son chien et capter son énergie;
- s'asseoir dans un bain à remous et s'enduire le corps de crème;
- donner ou recevoir un massage, un soin de pieds ou de mains;
- s'amuser dans l'eau d'une piscine, d'un lac, de la mer, ou simplement se promener sous la pluie;
- marcher pieds nus sur la pelouse;

- toucher un tissu doux;
- sentir la chaleur du soleil sur sa peau;
- caresser la peau douce d'un enfant;
- jardiner sans mettre de gants pour sentir la terre;
- faire une activité manuelle (mécanique automobile, rénovations, etc.).

Le goût

Nos papilles gustatives nous procurent du plaisir à profusion, jour après jour. Pour amplifier ce plaisir, il suffit de prendre le temps de goûter, de déguster, de découvrir, d'essayer. Et il faut savoir que les endorphines dont le sens du goût nous fait cadeau sont parmi les plus facilement accessibles. Parmi les innombrables plaisirs épicuriens, il y en a pour tous les goûts et de toutes sortes. C'est pourquoi il sera facile de créer soi-même et sans aide sa propre liste. Mais il ne faut pas oublier d'inclure:

- des saveurs variées: sucrée, salée, amère, astringente, etc.;
- une variété de textures: crémeuse, croustillante, pâteuse, veloutée, etc.;
- des boissons ou des aliments à différentes températures: chauds, froids, glacés ou tièdes;
- des choses à boire: du thé vert, des bières blondes, rousses ou brunes, de bons crus, etc.

Les activités

Tous les prétextes sont bons pour se faire plaisir ou se détendre. L'important, c'est d'avoir en tête ou sous la main une liste de suggestions correspondant au laps de temps dont on dispose. On réussira alors à s'accorder un petit ou un grand plaisir selon qu'on aura 1, 5, 15, 30 minutes de liberté, ou plus encore. Notre réserve de suggestions pourra se modifier ou s'enrichir en rapport avec nos préférences et notre expérience.

Si on a 1 minute

- Profiter d'un feu rouge pour faire une pause éclair : détendre ses muscles, scander la musique, tourner la tête, fermer les yeux, etc.

- Prendre le temps d'aller aux toilettes, que ce soit après un appel téléphonique ou avant une réunion.

- Respirer profondément après s'être installé confortablement. Placer la langue derrière le palais, pour détendre la mâchoire ; observer la réaction du corps au cadeau d'oxygène qu'il vient de recevoir.

- Se redresser, car la posture influence favorablement.

- Humer le parfum de notre conjoint ou celui d'un bébé ; sentir les draps propres séchés à l'air frais sur une corde à linge.

- Compter à l'envers à partir de 60.

- Respirer comme un bébé, en gonflant le ventre.

- Se dire des mots doux à soi-même ou en dire aux autres.

- Prendre le temps de dire merci ou de complimenter quelqu'un.

- Partir dans la lune avec un regard flou, juste pour se reposer.

- Fermer les yeux. Pratiquer le *palming* est une technique très simple. Il s'agit de mettre les coudes sur la table et de recouvrir doucement nos yeux avec la paume de nos mains ; dans l'obscurité, on relâche les épaules et les tensions en pensant à des choses agréables. Simple, rapide et efficace. Proche de la méditation.

- Apprécier de se sentir bien sans éprouver aucune douleur.

- Regarder le vent dans les feuilles ou suivre le mouvement des nuages.

- Ressentir le soleil chaud sur sa peau.

- Écouter une musique ou les paroles d'une chanson.

- Geler un problème en le plaçant au congélateur!

- Utiliser une minuterie pour limiter le temps alloué à la résolution d'un problème.

- Serrer bien fort son chien et prendre un peu de son énergie.

- Rire à gorge déployée pour augmenter automatiquement nos endorphines.

- Se faire du cinéma ou exagérer une situation stressante pour la dédramatiser.

Si on a 5 minutes

- Faire un petit détour avant d'arriver à la maison, sous n'importe quel prétexte.

- Fermer la porte du bureau, juste pour goûter un peu de calme.

- Prendre une pause de son travail, à la maison ou au bureau.

- Croquer quelques petits fruits de saison.

- Fermer les yeux et ne penser à rien.

- Rêvasser; s'évader mentalement par la fenêtre.

- Se prendre un instant pour un autre, par exemple chanter à tue-tête sa chanson préférée, ou encore imiter un artiste en dansant quelques pas.

- Renouer avec la pluie; écouter le son qu'elle produit sur les arbres, un toit de tôle ou une tente.

- Jouer ou faire semblant de jouer une pièce de musique au piano, à la guitare ou au banjo.

- Savourer pleinement le moment; sourire.

- Déguster un chocolat fin en le laissant fondre lentement.

- Regarder les enfants dormir.

- Appeler les enfants du travail, juste pour leur dire qu'on les aime.

- Cueillir un légume du jardin et le manger immédiatement.

- S'entourer de beauté (fruits, fleurs, images, objets, personnes, etc.) et laisser s'y attarder son regard.

- Exprimer une émotion; tout simplement trouver le mot qui correspond à notre état d'âme et le dire à haute voix, sans jugement.

- Faire une liste de choses à faire. Cela peut être relaxant ou angoissant, c'est selon; mais généralement, le seul fait de prendre quelques minutes et de mettre de l'ordre dans les millions de tâches à accomplir calme et fait du bien.

Si on a 15 minutes

- Aller respirer de l'air frais après avoir été enfermé quelque temps.

- Beau temps, mauvais temps, pointer son nez dehors le midi.

- Savourer une grande tasse de thé vert ou un café au lait mousseux.

- S'étirer dans son lit, se retourner et somnoler encore un peu.

- Méditer.

- Prendre une pause avant de commencer le ménage ou toute autre tâche, et s'offrir un petit plaisir.

- Dresser une belle table, juste parce que c'est mardi soir !

- Téléphoner à quelqu'un qui ne s'y attend pas.

- S'étendre sur son lit et se délasser.

- Masser ses mains avec une crème hydratante.

- S'offrir une petite douceur comme collation (oublier les crudités !).

- Admirer un ciel étoilé, un cours d'eau, une fontaine.

- Se réconforter par la chaleur ; par exemple, enfiler une robe de chambre chauffée dans la sécheuse ou se passer une débarbouillette d'eau chaude sur le visage.

- Tenir la main d'un enfant le temps de faire une courte marche dans le quartier.

- « Piquer une jasette » au téléphone.

Si on a 30 minutes

- Trouver un rayon de soleil, s'emmitoufler et lire un bon livre.

- Lire le journal du matin.

- Feuilleter un album de photos.

- Se faire un soin de pieds.

- Faire une marche rapide.

- Jardiner ; cueillir des fleurs pour en faire un bouquet.

- Prendre l'apéro : une bonne bière, un verre de vin ou un porto.
- S'amuser dans l'eau ou prendre un bain de minuit.
- S'allonger dans un bain parfumé et calmant.
- Écouter des chansons de jeunesse.
- Regarder des revues spécialisées.
- Mettre une cassette vidéo et faire des exercices.
- Se reposer dans un hamac.
- Faire quelques exercices de yoga.
- Téléphoner à un ami.
- Promener le chien ou jouer avec lui.

Si on a entre 1 heure et 1 1/2 heure

- Prendre le petit-déjeuner au resto ou au lit.
- Prendre vraiment une heure pour dîner.
- Faire une mégasieste.
- Regarder un film, emmitouflé dans sa doudou (maïs soufflé inclus!); revoir un film qu'on connaît par cœur, juste parce qu'on l'aime.
- Faire le mot croisé du samedi.
- Jouer à un jeu de société ; faire un jeu de patience, un casse-tête.
- Faire une vraie séance de lecture.
- Flâner à la bibliothèque, en librairie, chez le disquaire, dans une épicerie fine ou une boutique spécialisée, sans s'obliger à acheter.
- Faire une balade pour admirer les décorations de Noël dans un beau quartier.

- Jouer dehors avec ou sans les enfants.

- Faire une activité manuelle : bricoler, broder, tricoter, coudre.

- Mettre à jour nos amitiés, par une rencontre improvisée, un repas, une carte ou un courriel rempli des dernières nouvelles.

- Jouer au billard ou – pourquoi pas ! – aux quilles.

- S'occuper des plantes : les arroser, leur parler, les rempoter, les déplacer au besoin.

- Faire l'épicerie ailleurs, en prenant le temps de faire des choix et non de façon automatique.

Si on a une demi-journée ou une journée complète

- Préparer de la nourriture maison : faire du pain, de la pâtisserie ou des gâteries pour Noël, ou encore préparer une chaudrée de soupe aux légumes.

- Passer du bon temps en famille.

- Organiser un pique-nique.

- Faire la tournée des ventes de débarras, des marchés aux puces, ou se rincer l'œil chez les antiquaires ou dans les galeries d'art.

- Manger au resto seul ou à deux, puis aller au cinéma.

- Visiter un musée, un aquarium.

- Donner une seconde vie à des objets ou décaper un meuble.

- Flâner en pyjama ; regarder trois films à la suite.

- Donner de son temps bénévolement.

- Faire une randonnée à la campagne, à bicyclette ou en ski de fond, selon la saison.

- Coudre un vêtement du début à la fin.

- Se balader sans but.

- Être touriste dans sa propre ville ou explorer une ville inconnue au hasard, sans guide.

- S'offrir une escapade inattendue; coucher ailleurs que chez soi.

- Être incognito, même dans sa propre maison; disparaître sans en parler à quiconque; remettre ses obligations à plus tard.

La gratitude

Après un long cheminement pour recouvrer la santé, une de mes amies atteinte de cancer me parlait tout bonnement de son nouveau rapport à la vie. «Ce n'est pas compliqué, me dit-elle, je suis dans la gratitude la plus totale. Le moindre détail me rend heureuse. On dirait que je suis en hyperacuité. Avant cette maladie, si quelqu'un m'avait parlé de gratitude, j'aurais répondu avec empressement que, oui, j'étais reconnaissante pour ma famille, mes enfants, ma santé, ou encore ma profession. Mais j'étais tellement préoccupée par mon agenda, par les choses à faire, par la performance et la perfection, par les enfants et le travail qu'à vrai dire il y avait plein de petits bonheurs qui passaient inaperçus à mes yeux. Je ne comprends toujours pas pourquoi il m'a fallu cet accident de parcours pour me reconnecter à la vie. Peut-être que j'avais la tête tellement dure que seul un événement dramatique pouvait m'ouvrir les yeux. En fait, on aurait dit que pendant la maladie, le temps était suspendu. Le tourbillon d'avant n'existait plus. J'ai réfléchi à mes priorités. Plus question de passer toujours en dernier! J'ai intégré mille petits plaisirs à mon quotidien, et je peux maintenant dire que je vis dans la gratitude.»

Voici la liste abrégée des êtres et des choses pour lesquels mon amie exprime de la gratitude. J'espère que cette énumération saura inspirer même une seule personne en pleine forme afin d'éviter que la maladie entre dans sa vie.

«J'ai de la gratitude pour les petits gestes de la vie quotidienne:

- pouvoir me déplacer sans aide;
- sentir l'eau chaude sous la douche;
- regarder mes plantes plus vigoureuses que jamais;
- sentir la chaleur de mon chien étendu à mes côtés;
- goûter la quiétude de la maison;
- apprécier mon corps qui, malgré la maladie, réussit à trouver de l'énergie;
- accueillir chaque bonne nouvelle, aussi petite soit-elle.

«J'ai aussi de la gratitude envers ma famille et mes amis:
- pour les bras et l'odeur de mon conjoint;
- pour ses mille et une attentions;
- pour le rire de mes enfants;
- pour le magnifique bricolage de la fête des Mères;
- pour la soupe maison de ma maman;
- pour la gentillesse de mes amis;
- pour cet appel téléphonique ou cette lettre inattendus;
- pour cette collègue qui me laissait régulièrement ce message téléphonique: "Allô! Je ne sais pas quoi te dire, juste que je pense à toi. Bye!";
- pour ma gardienne qui, sans jamais s'imposer, savait toujours se rendre disponible;
- pour tous ceux qui m'ont acceptée de façon inconditionnelle, avec mes hauts et mes bas;
- pour mon fidèle livreur de journaux;
- pour le personnel soignant qui m'a adoptée.

«J'éprouve également de la gratitude pour les quatre saisons:

- le gazon qui verdit d'heure en heure au printemps;
- la neige qui fond;
- les plantes vivaces qui s'étirent après un long hiver;
- les odeurs du printemps;
- la chaleur de l'été qui me réchauffe les os;
- la limonade que les enfants m'ont préparée;
- l'ombre du grand chêne;
- mon hamac si accueillant;
- les parfums de l'automne;
- le goût de la pomme qu'on vient de cueillir;
- le gros chandail de laine et l'air piquant sur mon visage;
- les gouttes de pluie qui fouettent la fenêtre.

«Et le fait de penser que j'aurais pu ne jamais revoir l'hiver me fait apprécier tant les beautés que les rigueurs de cette rude saison, le froid, même sibérien, les arbres féeriques croulant sous la neige, les flocons si légers et la gadoue qui mouille les pieds...»

Mon amie a encore tant à dire sur la gratitude: «Quand je m'arrête à relire cette liste, je m'aperçois que la plupart des choses inscrites – sauf celles en lien avec la maladie – étaient déjà présentes dans ma vie. Pourtant, je les tenais pour acquises sans en éprouver de réelle gratitude. Ma nouvelle façon de voir le monde me rend heureuse à chaque moment de la journée.»

Conclusion

Dans la vie, tout est question d'attitude. Et du regard que nous posons sur les choses en général et sur nos problèmes en particulier. Ceux-ci nous semblent d'ailleurs souvent plus nombreux que leurs solutions. De plus, le stress qui en découle est absolument inévitable, telle une réponse nécessaire pour nous signaler leur présence, à la manière d'un système d'alarme. Alors, tant qu'à devoir vivre avec ce stress, aussi bien apprendre à le gérer! Et comme le meilleur antidote qui lui soit connu est le plaisir, il faudrait nous y intéresser sans plus attendre.

Mais la bataille n'est pas gagnée pour autant parce que le jugement que nous portons sur notre allié «plaisir» est très sévère. Aussi bien dire qu'il est victime de préjugés défavorables. La recherche du plaisir n'a jamais eu ses lettres de noblesse, bien au contraire. Y a-t-il pourtant une seule objection qui tienne à la lecture de ces 20 petites histoires où le plaisir, même administré au compte-gouttes, a joué un rôle positif?

D'abord perçu comme un but à atteindre, on le voit maintenant comme un moyen dont l'utilisation fréquente nous permettrait d'accéder à un mieux-être réel. Il nous accompagne au long de nos activités, nous rend joyeux, allège nos soucis, adoucit notre quotidien. Selon une expression bien connue, «le plaisir croît avec l'usage», et une autre nous rappelle que «ce qui nous fait plaisir nous fait du bien». Pourquoi donc ne pas s'en remettre à la sagesse populaire? Sinon aux preuves scientifiques qui s'accumulent à son sujet?

Mettre du plaisir dans nos vies peut paraître abstrait, à moins de parler de petits plaisirs, des moments ou des gestes choisis par nous seuls. Tout comme le cactus «sait» qu'il doit s'hydrater pour survivre, grandir et même fleurir, nous aussi savons que nous devons impérativement nous occuper de nous au quotidien.

En fait, les petits plaisirs sont propres à chacun et peuvent se décliner à l'infini selon les goûts et les besoins. Leur seule limite est celle de notre imagination. Et peu importe leur taille, ils suscitent toujours notre gratitude. Qu'ils nous soient inspirés par l'exploration de nos sens ou qu'ils soient inscrits dans 1, 5 ou 15 minutes de temps libre, ou davantage à l'occasion, ils nous ramènent invariablement au bonheur contenu dans l'instant présent.

Pour joindre l'auteure

Raymonde Gosselin
Téléphone : 450 692-0022
Télécopieur : 450 225-2755
raymonde.gosselin@sympatico.ca
www.raymondegosselin.com

Table des matières